AF261823

ESSAI

SUR

L'HISTOIRE DE L'INTERDICTION

ET

DE LA CURATELLE DES PRODIGUES

EN DROIT ROMAIN

Par A. AUDIBERT

PROFESSEUR A LA FACULTÉ DE DROIT DE LYON

PARIS

L. LAROSE ET FORCEL

Libraires-Éditeurs

22, RUE SOUFFLOT, 22

1890

ESSAI

SUR

L'HISTOIRE DE L'INTERDICTION

ET DE LA CURATELLE DES PRODIGUES

EN DROIT ROMAIN

Extrait de la *Nouvelle Revue historique de droit français et étranger*.
N° de Juillet-Août 1890.

ESSAI

SUR

L'HISTOIRE DE L'INTERDICTION

ET

DE LA CURATELLE DES PRODIGUES

EN DROIT ROMAIN

Par A. AUDIBERT

PROFESSEUR A LA FACULTÉ DE DROIT DE LYON

PARIS

L. LAROSE ET FORCEL

Libraires-Editeurs

22, RUE SOUFFLOT, 22

1890

IMPRIMERIE
CONTANT-LAGUERRE
LVX VITAM
BAR LE DUC

ESSAI SUR L'HISTOIRE

DE L'INTERDICTION ET DE LA CURATELLE

DES PRODIGUES

EN DROIT ROMAIN.

Il a toujours été admis, en droit romain, que des mesures protectrices devaient être prises pour empêcher les propriétaires, les chefs de famille, de dissiper leur patrimoine en folles dépenses. Dans les plus anciens temps de Rome comme à l'époque de Justinien, le prodigue était frappé d'interdiction.

Les principes qui, dans le droit du Digeste, régissent la condition du prodigue interdit, sont bien connus, et je ne me propose pas d'en donner ici un exposé qu'on peut trouver dans beaucoup d'excellents ouvrages : mon intention est de rechercher comment cette théorie s'est formée. On peut affirmer qu'en matière d'interdiction le droit n'est pas demeuré immuable, depuis la loi des Douze-Tables jusqu'au Bas-Empire; je voudrais essayer de noter les transformations qu'il a subies, de distinguer et de caractériser les diverses phases qu'il a traversées.

C'est là une tâche qui n'est pas sans difficultés. Les sources ne nous donnent, sur le développement historique de l'interdiction, que des indications peu nombreuses. En dehors des textes compris dans la compilation de Justinien et souvent suspects d'interpolation (1), nous ne possédons guère, sur ce sujet, que quelques rares passages des *Règles* d'Ulpien (2) et des *Sentences* de Paul (3). Une lacune du manuscrit de Vérone nous a privés des renseignements que Gaius aurait pu nous

---

(1) V. surtout au Dig., la L. 1, *De curat. fur. et al.* (27.10). Nous verrons qu'on se demande précisément si ce texte n'a pas été altéré par les compilateurs.

(2) Ulp., *Reg.*, XII; XX, 13.

(3) Paul, *Sent.*, III, 4ᴬ, §§ 6, 7, 11.

fournir (1). On peut croire cependant qu'il est possible, en usant des documents qui nous restent et sans trop donner à l'hypothèse, d'écrire l'histoire de l'interdiction romaine.

Peu d'auteurs jusqu'à présent l'ont tenté. La plupart se sont bornés à commenter et à expliquer la doctrine classique. MM. Voigt et Ubbelohde (2) sont, à ma connaissance, les seuls qui aient approfondi cette question d'histoire du droit privé. Ils nous ont ouvert la voie, et l'auteur de ce travail leur est infiniment redevable. On verra toutefois que, des deux systèmes très différents qu'ils ont défendus, je ne pourrai me rallier complètement à aucun. Tout en adoptant certaines de leurs conclusions, je proposerai de décrire autrement qu'ils ne l'ont fait l'évolution du droit romain en matière d'interdiction.

I.

I. *Premières origines de l'interdiction et de la curatelle du prodigue. Loi des Douze-Tables.* — II. *La curatelle légitime et la curatelle dative du prodigue. Elles se rattachent à deux systèmes de législation d'esprit très différent.* — III. *L'ancien système. Comment il est uni à l'organisation de la famille civile. Ses rapports avec la constitution de la* GENS, *avec l'*HEREDIUM, *avec l'inaliénabilité primitive de la propriété.* — IV. *Le nouveau système. Raison d'intérêt social et raison d'intérêt privé qui lui servent de fondement.*

I. On sait que les prodigues étaient interdits et que l'administration de leurs biens était confiée à des curateurs (3); on sait aussi qu'un décret était rendu contre eux par le préteur,

(1) C'est dans le premier commentaire, entre les §§ 196 et 197, que Gaius traitait des diverses curatelles. Le passage correspondant de l'*Épitome*, I, 8, *De curatione*, ne nous apprend rien sur la question qui nous occupe.

(2) Voigt, *Das jus naturale*, Leipzig, 1875, IV, p. 122-129; *Die Zwölf Tafeln*, Leipzig, 1883, II, p. 726 et s. — Ubbelohde, *Uber die Handlungsfähigkeit des prodigus und des minderjährigen nach gemeinem Rechte, in Zeitschrift für das Privat und öffent. Recht*, prof. Grünhut., Vienne, 1877, IV, p. 671-721. — On peut consulter aussi Pernice, *Labeo*, I, p. 237-239. Quant aux ouvrages où sont exposés les principes de l'interdiction et de la curatelle des prodigues, je n'en donnerai pas ici l'énumération. Je me contente de renvoyer aux traités généraux, notamment à ceux de Glück, de Vangerow, de Puchta, de Windscheid, de Kuntze, d'Accarias, etc., et surtout aux trois volumes de Rudorff, *das Recht der Vormundschaft*, Berlin, 1834.

(3) Ulp., lib. I, *ad Sabin.* : 1 pr. Dig., *De curat. fur. et al.* (27.10). *Lege duo-*

et les termes de ce décret nous ont été conservés dans un important passage des *Sentences* de Paul (1). Or, c'est en vertu de la loi des Douze-Tables que l'interdiction était prononcée; c'est en vertu de la même loi, que les agnats étaient appelés à la curatelle de l'interdit. Ulpien le dit formellement, et en même temps il nous apprend qu'en adoptant le principe de l'interdiction, les décemvirs n'innovèrent pas. Ce principe a une plus ancienne origine; il remonte à la coutume primitive : *quod moribus quidem ab initio introductum est;* et, dans le passage des *Sentences* où est rapportée la formule du décret, c'est encore à la coutume que l'interdiction est rattachée : *Moribus per prætorem bonis interdicitur...*

Pour déterminer les règles qui, dans le très ancien droit, s'appliquaient à cette institution, il serait d'un grand intérêt de connaître la disposition des Douze-Tables à laquelle Ulpien nous renvoie : malheureusement elle ne nous est pas parvenue. Nous possédons, grâce à Cicéron, un fragment de la loi, relatif à la curatelle du *furiosus* (2); les anciens auteurs ne nous disent rien de celui qui concernait la curatelle du prodigue.

On a parfois soutenu que cette dernière curatelle n'était pas mentionnée dans la loi, et qu'elle avait pour unique fondement le texte qui donnait des curateurs au *furiosus*. Ce serait par une interprétation extensive de ce texte que la jurisprudence, comparant les prodigues à des fous, les aurait soumis à la curatelle légitime (3).

Cette opinion est repoussée avec raison par la grande majorité des auteurs (4). La curatelle légitime du *furiosus* a tou-

decim tabularum prodigo interdicitur bonorum suorum administratio, quod moribus quidem ab initio introductum est. — Ulp., Reg., XII, 2. Lex duodecim tabularum furiosum itemque prodigum, cui bonis interdictum est, in curatione jubet esse agnatorum. Cf. Instit., 1, 23, de curat., § 3.

(1) Paul, Sent., III, 4 ᴬ, § 7. Moribus per prætorem bonis interdicitur hoc modo : quando tibi bona paterna avitaque nequitia tua disperdis liberosque tuos ad egestatem perducis, ob eam rem tibi ea re commercioque interdico.

(2) Si furiosus escit, adgnatum gentiliumque in eo pecuniaque ejus potestas esto. Bruns Mommsen, Fontes juris; éd. 1887, p. 22. Voigt, die Zwölf Taf., I, p. 714. — Cicér., de invent., II, 50, 148; Tuscul., III, 5, 11.

(3) Schöll, leg. XII Tab. reliq. 1866, p. 130.

(4) V. notamment Rudorff, Vormundschaft, I, p. 129; Bruns Mommsen, Fontes juris, l. c.

jours été strictement limitée, dans son application, au *Furiosus* seul; elle n'a pas même été étendue au *mente captus*, au *demens*, pour qui il fallut créer une curatelle dative (1); à plus forte raison, n'a-t-elle pu l'être au prodigue. D'ailleurs, si la curatelle légitime du prodigue s'était introduite par voie d'interprétation, elle serait nécessairement postérieure à la loi des Douze-Tables; or on sait qu'elle remonte à une coutume plus ancienne (2). Enfin qu'on relise le passage déjà cité des *Règles* d'Ulpien, et on y trouvera la preuve que les Douze-Tables contenaient, sur la curatelle du prodigue, une disposition expresse (3).

Mais comment cette disposition était-elle conçue? C'est ce qu'il paraît bien difficile, sinon impossible, de savoir. On peut affirmer qu'elle appelait à la curatelle les agnats et aussi, sans doute, à défaut d'agnats, les gentils (4). En dehors de cela, les sources ne nous apprennent rien.

Quelques savants ont tenté pourtant de restituer l'ancien texte : notamment Jacques Godefroy et M. Voigt.

Godefroy a pris pour base de sa restitution le passage relatif à la curatelle du *furiosus*. Il a supposé que le prodigue y était mentionné à côté du fou, et qu'ainsi la même disposition réglait à la fois la condition de ces deux catégories de personnes. Elle aurait été ainsi conçue :

Si furiosus aut prodigus existat, ast ei custos nec escit, agnatorum gentiliumque in eo pecuniaque ejus potestas esto (5).

Cette restitution est purement conjecturale. Elle ne trouve qu'un appui extrêmement faible dans le fragment des *Règles* où il est dit que la loi des Douze-Tables place le fou et le prodigue sous la curatelle des agnats (6). Ce n'est pas là une ci-

(1) Instit., I, 23, *De curat.*, § 4.

(2) 1 pr. Dig., *De curat. fur.* (27.10).

(3) D'après le classement adopté par la plupart des auteurs, Godefroy, Dirksen, Bruns, etc., cette disposition fait partie de la cinquième table. M. Voigt la place dans la sixième.

(4) V. *suprà*, p. 3, n. 2. V. aussi, 53 pr. Dig., *De verb. signif.* (50.16).

(5) Godefroy, *Fragm. XII Tabul.* (v. Otto, *Thesaurus*, III, p. 171). Dans le même sens, v. Bouchaud, *Comment. sur la loi des Douze-Tables*, I, p. 512; Delaporte, *De la condition du prodigue*, thèse doct., Paris, 1881, p. 22 et s. *Contrà*, Rudorff, *Vormundschaft*, I, p. 130, n. 5, 6.

(6) Ulp., *Reg.*, XII, 2.

tation textuelle de la loi, et rien n'autorise à supposer que le
fou et le prodigue étaient rapprochés dans le texte des Douze-
Tables comme ils le sont dans la phrase d'Ulpien. Il y a, au
contraire, des raisons très sérieuses de penser qu'il en était
autrement. D'abord, si on se reporte au fragment que Cicéron
nous a conservé, on constate qu'il vise exclusivement la curatelle du fou : il ne mentionne pas celle du prodigue (1). Puis
les différences qui existent entre les deux curatelles ne permettent guère d'admettre qu'une formule commune ait pu tout
à la fois convenir à l'une et à l'autre. On peut, à cet égard,
faire plus d'une critique au texte proposé par Godefroy. Il
appelle dans les mêmes termes les agnats à la curatelle du
fou et à celle du prodigue, sans exprimer que, pour le prodigue, un décret d'interdiction doive préalablement être rendu ;
or, il est très naturel de penser que ce décret était mentionné
dans la loi, puisqu'il était, au dire d'Ulpien, rendu en vertu
de la loi elle-même (2), et le passage des *Règles* que nous avons
plusieurs fois déjà cité, nous confirme dans cette opinion :
prodigum cui bonis interdictum est, y lisons-nous (3). De
même, le texte de Godefroy applique au prodigue comme au
fou la formule *in eo pecuniaque ejus potestas esto* (4); or, cette for-

(1) A ce fragment : « *Si furiosus escit, adgnatum gentiliumque in eo pecuniaque ejus potestas esto*, » Godefroy ajoute arbitrairement : 1° les mots *aut
prodigus ;* 2° les mots *ast ei custos nec escit.* Ce dernier membre de phrase
appartient bien à la loi des Douze-Tables ; Festus le cite à l'appui d'une
observation grammaticale (v° Nec), mais sans dire à quelle disposition il
l'emprunte, et on n'est nullement autorisé à l'intercaler dans la partie du
texte relative à la curatelle du fou et à celle de prodigue. Il résulte à la
vérité de certains textes que les personnes déjà pourvues de tuteurs ou de
curateurs n'étaient pas mises en curatelle pour cause de folie ou de prodigalité ; mais cette solution ne prévalut pas sans discussion. On se demanda
si un pupille atteint de folie devait recevoir un curateur : Ulp. 3, Dig. *De tu-
telis* (26, 1). Le seul fait que la question ait pu être posée démontre qu'il n'y
avait pas dans la loi de disposition formelle, excluant dans cette hypothèse
la curatelle du fou. Pernice, *Labeo*, I, p. 234, n. 4. Bruns Mommsen, *Fontes
juris, l. c.* Bruns suppose que les mots cités par Festus, *ast ei custos nec
escit,* faisaient partie d'une disposition concernant les délits commis par le
fou. Mommsen pense, au contraire, avec Schöll (*l. c.*, p. 109), que ces mots
doivent prendre place dans le fragment *si furiosus escit...*

(2) 1 pr. Dig., *De cur. fur.* (27.10).

(3) Ulp., *Reg.*, XII, 2.

(4) 7 pr. Dig., *De curat. fur.* (27.10).

mule se conçoit bien dans le cas de folie, car alors le curateur n'a pas seulement le droit d'administrer les biens (*in pecunia*); ses soins doivent s'étendre aussi à la personne de l'aliéné (*in eo*). Mais le curateur du prodigue n'a de pouvoir que sur le patrimoine de l'incapable, il n'en a pas sur sa personne, et, en ce qui le concerne, les mots *in eo* ne s'expliqueraient guère.

Le plus récent commentateur des Douze-Tables, M. Voigt, n'admet pas qu'une disposition unique s'appliquât aux deux sortes d'incapables. Il pense que la loi parlait séparément du prodigue, en des termes qui ne pouvaient convenir qu'à lui seul. Elle ordonnait d'abord au préteur de prononcer le décret d'interdiction, et les expressions qu'elle employait pour cela durent passer dans la formule du décret, de telle sorte qu'on est autorisé à remonter de cette formule au texte même des Douze-Tables. Elle appelait ensuite à la curatelle les agnats et les gentils. Voici, d'après M. Voigt, comment elle s'exprimait:

Qui sibi heredium nequitia sua disperdit liberosque suos ad egestatem perducit, ea re commercioque prætor interdicito. In adgnatum gentiliumque curatione esto (1).

C'est là une brillante hypothèse. Est-il possible de l'accepter? J'admets, avec le savant professeur de Leipzig, qu'une disposition spéciale consacrait la curatelle légitime du prodigue et qu'il y était expressément fait mention du décret que le préteur devait prononcer; mais, la loi employait-elle précisément les termes qu'on rencontre dans ce décret, tel que les *Sentences* de Paul le reproduisent? Il est bien hardi de l'affirmer. On verra, par la suite de cette étude, que les termes du décret sont parfaitement d'accord avec les principes de l'ancienne loi, et on pourrait être disposé à en conclure qu'ils ont été empruntés au texte même des Douze-Tables. Toutefois, cette conclusion ne serait pas suffisamment établie. Nous savons, en effet qu'avant

____

(1) Voigt, *die Zwölf Taf.*, 1, p. 715; *das jus naturale*, t. IV, p. 129, n. 46. — Nous relevons, dans une thèse de doctorat soutenue devant la Faculté de droit de Paris antérieurement à l'ouvrage de M. Voigt, une restitution analogue à celle du savant professeur allemand. Lambert, *De la condition du prodigue*, thèse doct., Paris, 1876, p. 15. L'auteur adopte l'hypothèse de Godefroy, mais il ajoute, après les mots *aut prodigus*, « *eique bonis paternis avitisque interdictum escit.* »

lès Douze-Tables l'interdiction existait déjà; il y avait alors,
sans doute, une formule d'interdiction qui était fixée par la
coutume, et rien ne prouve que le législateur ait jugé à propos
de dicter au magistrat le décret qu'il devait rendre. Peut-être
se borna-t-il à poser en principe que le prodigue frappé d'interdiction serait soumis à la curatelle des agnats, de telle sorte
que les magistrats continuèrent d'employer la formule consa-
crée par la tradition. C'est une conjecture aussi, mais qui nous
paraît préférable à celle de M. Voigt. Elle a pour elle le passage des *Sentences* où Paul donne les termes du décret d'interdiction, en les rattachant à la coutume et non à la loi :
MORIBUS *per prætorem interdicitur...* Elle nous permet de comprendre que l'interdiction soit ainsi présentée comme une institution coutumière, alors qu'Ulpien la fonde expressément
sur la loi des Douze-Tables : LEGE DUODECIM TABULARUM *prodigo interdicitur...* : la loi posait le principe de l'interdiction,
mais c'est d'après la coutume que les termes du décret étaient
fixés.

Reconnaissons en somme qu'il y avait dans la loi des
Douze-Tables une disposition expresse et distincte, concernant
l'interdiction et la curatelle du prodigue; mais imitons la
prudente réserve qu'observent beaucoup d'auteurs (1), et
abstenons-nous de tenter une restitution pour laquelle nous
ne possédons pas les éléments nécessaires.

II. A défaut du texte ancien qu'il faut nous résigner à igno-
rer, nous prendrons pour point de départ de nos recherches
un très notable renseignement fourni par Ulpien dans le titre
de ses *Règles* dont nous avons déjà cité un fragment.

Ulp., *Reg.*, XII, 1. 1. *Curatores aut legitimi sunt, id est qui
ex lege duodecim tabularum dantur, aut honorarii, id est qui
a prætore constituuntur. 2. Lex duodecim tabularum furiosum
itemque prodigum cui bonis interdictum est, in curatione jubet
esse agnatorum. 3. A prætore constituitur curator quem ipse
prætor voluerit, libertinis prodigis, itemque ingenuis qui ex
testamento parentis heredes facti male dissipant bona : his
enim ex lege curator dari non poterat, cum ingenuus quidem*

____

(1) Dirksen, *Zwölf Taf. fragm.* Rudorff, *Vormundsch.*, I, p. 129-130.
Bruns, *Fontes juris.* Girard, *Textes de droit romain*, 1890, etc.

non ab intestato , sed ex testamento heres factus sit patri, liber- tinus autem nullo modo patri heres fieri possit , qui nec patrem habuisse videtur, cum servilis cognatio nulla sit.

On distinguait, en cas d'interdiction, deux sortes de cura- teurs, les curateurs légitimes et les curateurs honoraires, et ceux-ci étaient nommés par le préteur dans certains cas où, d'après la loi, la curatelle ne pouvait s'ouvrir. Il y avait donc des prodigues que la loi des Douze-Tables n'atteignait pas, et que la création de la curatelle honoraire ou dative eut pour but de protéger. Quels étaient ces prodigues?

C'étaient d'abord, et très certainement, quoique Ulpien n'en parle pas, ceux qui n'avaient ni agnats ni gentils à qui la curatelle légitime pût être déférée.

C'étaient en second lieu ceux qui n'avaient pas recueilli, comme héritiers *ab intestat*, la succession de leur père ou de leur aïeul paternel. Ulpien nous le dit : un affranchi ne pou- vait pas recevoir, pour cause de prodigalité, des curateurs légitimes, car le lien de parenté servile qui l'unissait à son père n'était pas reconnu par la loi, et il n'y avait pas pour lui de succession paternelle; quant au prodigue de condition in- génue, il échappait à la curatelle des agnats s'il avait été institué héritier, et à plus forte raison, ajouterons-nous, s'il avait été exhérédé par son père.

Si d'autre part on examine le décret que le préteur rendait contre le prodigue (1), on voit que l'interdiction y était for- mellement motivée par la nécessité d'assurer la conservation des biens transmis dans la succession du père ou de l'ascen- dant paternel. *Quando tibi* BONA PATERNA AVITAQUE *nequitia tua disperdis...* M. Voigt suppose que ces mots furent em- pruntés au texte des Douze-Tables. Nous pensons plutôt que la loi parlait simplement du prodigue interdit, se référant à l'ancienne coutume qui avait fixé les termes du décret et qui en limitait l'application à la défense des *bona paterna avitaque*. Ce qui est, dans tous les cas, certain, c'est que la loi ne don- nait des curateurs qu'à ceux qui dilapidaient l'héritage pa- ternel (2).

(1) *Supra,* p. 3, n. 1.
(2) Cette règle restrictive de la curatelle légitime n'est énoncée par les

Ainsi des conditions toutes spéciales, étaient requises pour l'ouverture de la curatelle légitime, et c'est en l'absence de ces conditions que le préteur intervenait pour organiser une curatelle dative. Cela suffit à montrer que les deux curatelles ne répondaient point à la même conception du régime légal qu'il convient d'appliquer aux prodigues. Elles procédaient de deux systèmes de législation essentiellement différents, et cette seule donnée va nous permettre d'en caractériser l'esprit.

III. En établissant l'interdiction et la curatelle du prodigue, l'ancien législateur ne se proposa pas de venir simplement au secours de particuliers, entraînés à la ruine par un penchant plus fort que leur volonté. Il n'était guère accessible au sentiment compatissant et secourable qu'une telle situation peut inspirer. C'est seulement la famille qu'il eut pour but de sauvegarder : nous entendons cette famille civile, fondée sur un culte et organisée comme un État, qui trouvait dans la *Gens* son expression la plus large et la plus complète. Il suffit de se rappeler quelle était dans le droit ancien cette organisation, quelle place lui appartenait dans la religion et dans la constitution de la cité, pour comprendre qu'un intérêt supérieur commandait de mettre obstacle à son affaiblissement et à sa ruine. Il fallait empêcher que, par de folles dépenses, le *paterfamilias* ne compromît la propriété et l'existence même de la société domestique dont il était le *chef*. La défense de la famille, pour des raisons d'ordre politique et religieux, tel a été à l'origine l'unique fondement de l'interdiction. C'est

textes qu'en matière d'interdiction. On a cependant proposé d'admettre qu'elle avait une portée générale et s'appliquait sans distinction aux curatelles légitimes, à celle du fou comme à celle du prodigue, et même aux tutelles légitimes, à celle de la femme, à celle de l'impubère. Telle est l'opinion de notre savant maître, M. Accarias (*Précis de droit romain*, I, 4ᵉ édit., § 164, p. 424. V. aussi Schweppe, *Rechtsgesch.*, § 424, cité par Vangerow, *Lehrbuch der Pand.*, I, § 293, p. 534). Je ne discuterai pas ici cette doctrine. Constatons seulement qu'elle n'est pas confirmée par les textes, et qu'elle est par elle-même peu vraisemblable; est-il admissible qu'avant la création des tuteurs et des curateurs honoraires, les pupilles et les fous fussent dépourvus de toute protection, lorsque l'héritage paternel ne leur avait pas été transmis *ab intestat?* Il vaut mieux croire que la règle dont il s'agit est une particularité de la curatelle du prodigue, et j'essayerai de l'expliquer par des raisons particulières à ce genre de curatelle.

ce que mettent très bien en lumière les règles propres à la curatelle légitime du prodigue.

D'abord, il n'y avait d'autres curateurs légitimes que les agnats et les gentils : preuve manifeste que la loi ne se souciait pas de ceux qui n'avaient pas d'agnats et ne faisaient partie d'aucune *gens*.

D'autre part, il n'y avait de curatelle légitime que pour ceux qui avaient recueilli, comme héritiers *ab intestat*, la succession paternelle. Cette seconde règle n'est pas moins caractéristique que la première. A la vérité, on ne voit pas nettement pourquoi, lorsque le père avait testé, la loi ne montrait pas, pour la conservation de l'héritage, la même sollicitude qu'à défaut de testament ; c'est là un point obscur que je chercherai plus tard à élucider, et qu'on me permettra de négliger pour le moment. Toujours est-il que, faute de biens transmis par le père, la loi ne prenait aucune précaution pour la conservation du patrimoine, et on voit par là sur quel motif elle faisait reposer l'interdiction. Elle considérait que le *paterfamilias* avait le devoir de garder pour ses descendants les biens qu'il tenait de ses ancêtres, et elle sanctionnait ce devoir en frappant d'incapacité ceux qui dilapidaient l'héritage paternel ; mais, pour les biens qui provenaient d'une autre source, elle estimait que la famille n'avait pas sur eux le même droit, et ne pouvait se plaindre si celui qui les avait acquis en faisait un mauvais usage. En conséquence, elle laissait le prodigue libre d'en disposer à sa guise, car elle n'admettait pas qu'en dehors du droit de la famille, une autre considération pût suffire à justifier l'interdiction et la mise en curatelle.

Telle était la pensée de l'ancienne loi, et on peut citer certains textes qui en sont manifestement inspirés. Relevons notamment, dans le décret d'interdiction, le reproche que le préteur faisait au prodigue de conduire ses enfants à la misère : *liberosque tuos ad egestatem perducis.* L'intérêt des descendants par lequel est ainsi motivée l'interdiction, c'est l'intérêt de la perpétuité de la famille, celui que la loi des Douze-Tables avait voulu sauvegarder. Signalons aussi un passage de Valère Maxime (1), où il est question d'un décret d'interdiction, rendu

______

(1) Valère Maxime, III, 5, 2, *Age Q. Fabii Maximi Allobrogici et civis et*

l'an 662 de la fondation de Rome, contre un personnage qui portait un nom illustre, Quintus Fabius Maximus (1); il n'y eut personne, dit l'historien, qui n'approuvât cette mesure ; on jugeait intolérable que des biens, qui devaient être consacrés à la splendeur de la *gens*, fussent dissipés en honteuses débauches : *dolenter enim homines ferebant, pecuniam quæ Fabiæ gentis splendori servire debebat, flagitiis disjici.* Valère Maxime exprime ainsi le plus ancien motif qui ait fait admettre l'interdiction. Enfin le nom même qu'à l'origine on donnait au prodigue et qu'il porte encore dans certains passages de Cicéron et d'Horace, montre bien qu'on ne voyait en lui que le descendant indigne, le dissipateur des biens transmis par les ancêtres : on l'appelait *nepos*, du même nom qui servait à désigner simplement le petit enfant. Cette appellation, empruntée, paraît-il, à la langue étrusque, s'explique très bien dans les idées anciennes ; la prodigalité consistait essentiellement dans le fait de dilapider le patrimoine constitué par les aïeux, et par conséquent ne pouvait être que le vice d'un petit enfant, *rei avitæ consumptor* (2).

Il ne faut pas s'étonner qu'à l'origine l'interdiction reposât exclusivement sur l'intérêt de la famille civile. Elle est vraisemblablement sortie de l'ancienne organisation familiale. Avant de pénétrer dans le droit de la cité, elle a dû commen-

---

imperatoris clarissimi filius, Q. Fabius Maximus quam perditam luxuria vitam egit! Cujus ut cetera flagitia obliterentur, tamen abunde illo dedecore mores nudari possunt, quod ei Q. Pompeius prætor urbanus paternis bonis interdixit. Neque in tanta civitate, qui illud decretum reprehenderet, inventus est; dolenter enim homines ferebant, pecuniam quæ Fabiæ gentis splendori servire debebat, flagitiis disjici : quem ergo nimia patris indulgentia heredem reliquerat, publica severitas exheredavit.

(1) Ce personnage fut surnommé *Gurges*, nous apprend Macrobe, *a devorato patrimonio : Saturnal.*, 2, 9. Lucilius, p. 45.

(2) Forcellini, *vº Nepos.* Müller, *Etrusker*, I, 2ᵉ éd., p. 262. Voigt, *die Zwölf Taf.*, II, p. 343, n. 33; p. 727, n. 3. — On verra, en se référant à ces citations, que les auteurs ont expliqué de diverses manières, avec plus ou moins d'ingéniosité, le nom de *nepos* porté par le prodigue. Si le prodigue est ainsi désigné, cela tient, d'après les uns, à ce qu'il ne se soucie pas plus de son patrimoine que s'il avait encore son père et son grand-père; d'après les autres, à ce que les enfants élevés par leurs grands parents sont dirigés d'une main trop faible et très souvent deviennent des dissipateurs. D'autres enfin s'en tiennent simplement à cette considération que l'économie est la vertu des ancêtres et la prodigalité le vice des générations nouvelles.

cer par être une coutume propre aux *gentes*. Il est permis de supposer, avec M. d'Ihering (1), qu'à l'origine l'autorité gentilice, établie au-dessus des chefs de famille, enlevait par décret le droit de disposer à ceux qui en abusaient, et organisait une curatelle pour l'administration de leurs biens. S'il est vrai que l'interdiction ait ainsi passé, du régime intérieur des *gentes*, dans le droit de Rome, on comprend qu'elle ait conservé le caractère d'une institution organisée pour la défense de la *gens*.

Il est vraisemblable aussi que l'interdiction primitive se rattache à cette forme initiale de la propriété, dont le souvenir s'était conservé chez les anciens, et qu'on appelle l'*heredium*. Au commencement, s'il faut en croire la tradition, la plus grande partie du sol formait, soit pour le peuple romain, soit pour les *gentes*, un objet de propriété collective. Deux arpents de terre seulement (*bina jugera*) étaient affectés à chaque chef de famille comme biens héréditairement transmissibles : *quæ heredem sequerentur* (2). C'était l'*heredium*, comprenant la maison et le jardin ou le verger qui l'entourait. Ce petit lopin de terre, dont le *pater familias* avait la propriété, servait aux besoins de la famille; il devait être conservé pour être transmis à l'héritier, et beaucoup d'auteurs pensent qu'à l'origine il était inaliénable (3). Pour combattre cette hypothèse d'une inaliénabilité primitive, on a objecté l'existence même de la curatelle du prodigue; on a fait observer qu'il eût été superflu de recourir à l'interdiction si le droit de disposer n'eût pas existé (4). Mais peut-être est-ce précisément lorsque la liberté d'aliéner eut été reconnue aux chefs de famille, que la

(1) Ihering, *L'esprit du droit romain*, trad. Meulen., I, p. 195, 196. En ce sens, May, *Élém. de dr. rom.*, I, p. 212.

(2) Varron, *De re rust.*, I, 10. 2. V. Voigt, *über die bina jugera, im Rhein. Museum für Philol.*, N. F., 1869, XXIV, 52, et *über die Staatsrecht. possessio, in Abhand. der phil. hist. Classe der König. Sächsischen Gesellsch. der Wissensch.*, 1887, X, p. 264.

(3) Mommsen, *Röm. Staatsrecht.*, III, 1, p. 23, 24; trad. Girard, VI, 1, p. 26. Marquardt, *Röm. Staatsverwalt.*, I, 2e éd., p. 97 et s. Voigt, *die Zwölf Taf.*, II, § 164, p. 727. Rudorff, *Röm. Feldmesser*, II, p. 362 et s. V. aussi Bloch, *Les origines du Sénat romain*, p. 109 et s.; F. de Coulange, *La cité antique*, II, 6; Gérardin, *Nouvelle Revue historique de droit*, 1889, p. 9; etc. — *Contra*, Ihering, *L'esprit du droit romain*, trad. Meulen., II, p. 143 et s.

(4) Cuq, *Nouv. Rev. hist. de droit*, 1886, p. 537.

coutume s'établit d'interdire ceux qui en faisaient abus. L'interdiction, ainsi rattachée, dans ses plus lointaines origines, à l'inaliénabilité de la propriété, apparaît comme un débris du principe primitif : c'est l'ancienne inaliénabilité, maintenue contre les dissipateurs.

Nous trouvons, dans cette hypothèse, une explication, à notre avis très satisfaisante, de la règle qui restreignait la curatelle légitime du prodigue à la protection des *bona paterna avitaque* (1). Si l'interdiction fut créée pour assurer la conservation des biens que l'inaliénabilité avait cessé de protéger, elle n'eut naturellement d'autre objet, à l'origine, que la défense de ces biens eux-mêmes, c'est-à-dire de la maison et du petit champ qui composaient la propriété primitivement inaliénable, en un mot de l'*heredium*. Par la suite, avec les progrès de la propriété privée, elle reçut une plus large application. A l'antique *heredium*, essentiellement destiné à être transmis à l'héritier, on assimila les autres biens que le prodigue tenait de la succession de son père ; il parut qu'à raison de leur commune provenance, tous avaient également pour destination d'être affectés aux besoins de la famille, et devaient être conservés, comme un dépôt, aux générations futures. Ainsi l'interdiction s'élargit, mais sans s'étendre au delà de l'héritage

(1) Dans l'opinion, qui attribue à la règle restrictive de la curatelle légitime une portée générale, l'explication que nous proposons ne saurait, sans doute, être acceptée (*supra*, p. 8, n. 2). Mais nous avons reconnu, avec la grande majorité des auteurs, que cette règle constituait une particularité de la curatelle du prodigue. Parmi ceux qui pensent comme nous, les uns admettent que le texte relatif à la curatelle du prodigue la restreignait expressément à la défense des *bona paterna* (Hugo, et Zimmern, cités par de Vangerow, *Lehrb. der Pand.*, I, § 293, p. 534), et la restitution de M. Voigt est conforme à cette opinion. D'autres contestent qu'il y ait eu, à ce sujet, une disposition spéciale, et disent simplement qu'il parut naturel de refuser à la famille le droit de se plaindre, lorsque ce n'étaient pas des biens de famille, des biens transmis par les ancêtres, qui étaient compromis (de Vangerow, *l. c.*). Quelle que soit de ces deux hypothèses celle qu'on préfère adopter, la difficulté subsiste : il s'agit de savoir comment on est arrivé à inscrire dans la loi, ou peut-être à formuler en dehors de tout texte la règle restrictive de la curatelle légitime du prodigue. C'est cette difficulté que nous essayons de résoudre. L'explication que nous en donnons ne rend pas compte, il faut l'avouer, de la différence de traitement admise entre le prodigue qui avait succédé *ab intestat* et celui qui avait recueilli l'hérédité testamentaire ; c'est un point délicat dont nous réservons l'examen.

paternel. Pour les biens que le prodigue avait acquis d'une autre manière, soit par son industrie, soit par donation ou succession, on ne jugea pas que la libre disposition pût lui en être enlevée, par application de la loi. L'esprit de la loi, sinon son texte, résistait à une interprétation plus extensive.

Nous admettons donc que la protection légale qui finit par s'étendre aux *bona paterna avitaque* était primitivement réservée à l'*heredium*, et il en résulte que le mot *heredium* devait figurer, à la place de l'expression *bona paterna avitaque*, dans la plus ancienne formule du décret d'interdiction ; c'est ainsi que cette formule est rétablie par M. Voigt (1).

Quoi qu'il en soit, il est certain que l'interdiction, telle que la réglait la loi des Douze-Tables, offre un caractère archaïque très nettement accusé ; étroitement liée à l'ancienne constitution de la famille, elle en porte, pour ainsi dire, l'empreinte.

IV. C'est d'un tout autre esprit que procède la curatelle dative du prodigue, et on peut dire que sa création marque le point de départ d'un système d'interdiction nouveau. Du jour où il fut admis que, même en l'absence d'agnats et de gentils, même à défaut de biens provenant de l'héritage paternel, le préteur donnerait des curateurs aux prodigues, l'interdiction cessa d'avoir pour unique fondement l'intérêt de la famille civile. Elle se justifia par des considérations plus larges, qui devaient conserver toute leur valeur malgré la désorganisation de la *gens* et de l'ancienne famille romaine.

D'abord, il importe à la chose publique que les particuliers ne fassent pas un mauvais usage de ce qui leur appartient : *Expedit enim reipublicæ*, lisons-nous dans les Instituts de Justinien, *ne quis suâ re male utatur* (2), et le texte de Gaius,

______

(1) Voigt, *Die Zwölf Taf.*, § 164, II, p. 726 : *quandoque tibi heredium tuum nequitia tua disperdis,...* — M. Voigt introduit aussi le mot *heredium* dans le passage des Douze-Tables qu'il rétablit d'après les termes du décret : *qui sibi heredium nequitia sua disperdit,* mais sur ce point, la restitution qu'il propose nous paraît particulièrement inadmissible. S'il est vrai, comme le pense le savant auteur, que le décret d'interdiction ait été, pour ainsi dire, calqué sur la disposition légale, comment le mot *heredium* en aurait-il été, par la suite, effacé, pour faire place à une expression qui n'aurait pas figuré dans le texte? Comment les termes du décret auraient-ils cessé d'être en harmonie avec la loi?

(2) Inst. Just., 1, 8, § 2.

auquel le passage des Institutes correspond, fonde précisément sur cette raison l'interdiction des prodigues : *Male enim
nostro jure uti non debemus, quâ ratione et prodigis interdicitur bonorum suorum administratio* (1). Si on abandonne le
prodigue à ses instincts de dissipation et qu'il tombe dans la
misère, il n'y a guère lieu d'espérer qu'il se relève par le travail ; il augmentera le nombre des déclassés ; il deviendra
pour la société une cause de trouble, un élément de désordre.
On trouve, dans les *Déclamations* de Quintilien, cette idée
développée comme un lieu commun à l'appui d'une demande
d'interdiction (2).

Le droit nouveau s'est aussi très manifestement inspiré
d'un sentiment de commisération pour la personne même du
prodigue. Lorsqu'un *paterfamilias* fait des dépenses exagérées, il est équitable, nous dit Antonin le Pieux, de venir à
son secours, car il se conduit, pour ce qui concerne ses biens,
comme un insensé (3). L'État s'estime ainsi tenu d'un devoir
de protection envers ceux qui ne peuvent ou ne savent se
défendre eux-mêmes, fût-ce contre leurs propres entraînements. Pensée très humaine et très douce, que certains esprits ont jugée trop peu respectueuse de la liberté individuelle,
mais qu'on ne s'étonnera pas de rencontrer dans un rescrit
d'Antonin (4).

(1) Gaius, I, 53, *in fine*.

(2) Quintilien, *Declamat.*, 240. *Nihil est periculiosius, judices, in hominibus,
mutata subito fortuna, nihil ad vilitatem sui pronius, miseris delicatis. Juvenes
in magnis patrimoniis atque in summa nati dignitate, subito excussi, non dico
opibus, sed etiam necessariis ad victum spiritumque ultimum sustinendum, non
redibunt ad opus quotidianum, non sufficient assiduo labori. Superest ut audeant aliquid vel propter quod moriantur...*

(3) Ulp., lib. 3, *De officio proconsulis*, 12, § 2, Dig., *De tut. et cur. dat.*
(26.5). *Divus Pius matris querellam de filiis prodigis admisit, ut curatorem
accipiant, in hæc verba : « Non est novum quosdam, etsi mentis suæ videbuntur
ex sermonibus compotes esse, tamen sic tractare bona ad se pertinentia, ut, nisi
subveniatur eis, deducantur in egestatem. Eligendus itaque erit, qui eos consilio
regat : nam æquum est prospicere nos etiam eis, qui quod ad bona ipsorum pertinet, furiosum faciunt exitum. »*

(4) Les mêmes considérations servent aujourd'hui encore à expliquer les
mesures restrictives de la capacité du prodigue que le Code civil a consacrées : art. 513. Les travaux préparatoires démontrent qu'à l'exemple des
jurisconsultes romains, les rédacteurs du Code civil ont vu dans la prodiga-

Ainsi se sont fait jour, avec la curatelle dative, des principes entièrement nouveaux. L'interdiction a rompu le lien qui l'unissait à la famille primitive.

II.

Le décret d'interdiction, d'après les Sentences de Paul. I. Importance de ce décret, contestée à tort par Doneau. — II. Ancienneté de son origine, contestée, à tort aussi, par Cujas. La formule du décret suppose remplies les conditions exigées pour l'ouverture de la curatelle légitime : quando tibi bona paterna... — III. L'incapacité de l'interdit, telle qu'elle résulte des termes du décret, diffère essentiellement du régime d'incapacité consacré au Digeste : elle est limitée à certains biens; elle implique une déchéance du commercium : ea re commercioque interdico... — IV. Conclusion : deux systèmes d'interdiction doivent être distingués. Rapports que présente cette distinction avec celle de la curatelle légitime et de la curatelle dative.

La plupart des auteurs ne signalent, dans le développement historique de l'interdiction, d'autre innovation importante que l'extension de la curatelle, sous forme de curatelle dative, à de nouvelles catégories d'incapables. Nous croyons, au contraire, qu'en même temps que la curatelle dative s'introduisit, les principes de l'interdiction subirent des modifications profondes, et qu'un système d'incapacité, tout différent de celui qu'avait organisé la loi des Douze-Tables, pénétra dans le droit romain. C'est la conclusion qui ressortira de cette étude.

Un passage des *Sentences* de Paul va d'abord nous y conduire : c'est celui qui nous fait connaître le célèbre décret d'interdiction.

Paul, *Sent.*, III, 4ᴬ, § 7. *Moribus per prætorem bonis interdicitur hoc modo : quando tibi bona paterna avitaque nequitia*

---

lité un danger pour l'ordre public en même temps que pour la fortune des particuliers, et qu'ils ont voulu, par l'institution du conseil judiciaire, sauvegarder tout à la fois l'intérêt de la société et l'intérêt du prodigue. V. Locré, *Législ. civ.*, t. III, p. 459 et s., 473, 475; t. VII, p. 327. Demolombe, t. VIII, nº 691. Laurent, *Principes de droit civil*, t. V, nº 340. On trouve, dans la *Revue critique de législation*, une intéressante discussion, entre MM. Batbie et Duverger, sur la valeur de cette institution : t. XXIX, p. 127-167; t. XXX, p. 217-231, p. 402-436.

tua disperdis liberosque tuos ad egestatem perducis, ob eam rem tibi ea re commercioque interdico (1).

Telle est la formule que le préteur prononçait contre le prodigue. Il importe beaucoup, quand on recherche de quelle manière s'est développée la théorie de l'interdiction, de savoir comment cette formule doit être comprise, à quelle époque du droit il faut la faire remonter, quelle en était exactement la portée.

I. Ce qui est d'abord incontestable, c'est qu'elle était une véritable formule d'interdiction, c'est qu'elle avait pour effet de transformer le prodigue en incapable.

On a prétendu qu'en droit romain les prodigues étaient interdits par la seule volonté de la loi, en dehors de toute décision de justice. D'après cette opinion, que Doneau (2) a particulièrement soutenue, le décret d'interdiction n'aurait eu aucune efficacité sérieuse. Sans doute, on reconnaît que le préteur prononçait les paroles rapportées par Paul dans ses *Sentences*; mais, dit-on, ce n'est pas à ces paroles, c'est au fait de la prodigalité que l'interdiction était attachée; le décret n'avait d'autre but que de constater solennellement une incapacité déjà encourue.

Cette doctrine est aujourd'hui très généralement abandonnée, et, sans exposer ici les diverses raisons qui l'ont justement fait délaisser, il suffira de remarquer que notre texte, à lui seul, en est la condamnation. Les termes du décret, *ea re commercioque interdico*, sont trop formels pour qu'il soit possible d'en contester la portée. Il s'agit d'un véritable décret d'interdiction, et le jurisconsulte le dit expressément : *per prætorem bonis interdicitur hoc modo*.

II. Nous devons également tenir pour certain que le décret d'interdiction remonte à une époque très ancienne.

Cujas l'a cependant présenté comme une création de droit nouveau (3). L'illustre romaniste pensait, comme Doneau, que

---

(1) Il faut rejeter les autres leçons qui ont été parfois proposées. Cujas lisait : *quando tua...*, au lieu de *tibi...*; *ære commercioque*, au lieu de *eâ re*. Huschke, *lare*, au lieu de *eâ re*. Certains ont voulu lire *maribus* au lieu de *moribus*.

(2) Doneau, *ad l.* 6, Dig., *De verb. oblig.*, n° 5, éd. de Florence, 1847, t. XI, p. 612 et s., et note 1 de la p. 612.

(3) Cujas, *ad l.* 6, Dig., *De verb. oblig.*, édit. de Naples, I, p. 1165, 1166.

d'après la loi des Douze-Tables, les prodigues étaient interdits de plein droit, sans que le magistrat dût intervenir; mais
il admettait que ce système avait fini par être écarté, et qu'un
décret d'interdiction, celui dont les termes nous ont été conservés, était devenu nécessaire. La nouvelle coutume se serait
ainsi introduite en même temps que la curatelle dative : le
préteur, voulant protéger certaines catégories de personnes
que la loi n'atteignait pas, les aurait tout à la fois frappées
d'interdiction par décret et pourvues de curateurs honoraires.

Cette thèse n'a pas prévalu, et on paraît s'accorder aujour-
d'hui à reconnaître qu'à aucune époque du droit romain l'interdiction n'a été de plein droit attachée au seul fait de la
prodigalité (1). Ce qui est particulièrement inadmissible, c'est
de placer l'origine du décret d'interdiction dans la création
de la curatelle dative.

Pour démontrer que le décret remonte bien à l'ancien droit,
on peut faire remarquer d'abord l'archaïsme de certaines des
expressions qu'il emploie : *nequitia*, servant à désigner le
genre de vie méprisable et sans moralité que mènent les dissipateurs (2); *ea re*, pris dans un sens qui rappelle la disposition des Douze-Tables, *uti legassit super pecunia tutelave suæ
rei* (3). Mais la preuve la plus décisive résulte des premiers
mots par lesquels le magistrat, sous forme de reproche adressé
au prodigue, motivait l'interdiction. *Quando tibi bona paterna
avitaque nequitia tua disperdis : attendu que par ta conduite
déréglée, tu gaspilles les biens que tu tiens de tes ascendants
paternels.* La loi des Douze-Tables ne plaçait le prodigue en
curatelle que s'il dissipait les biens recueillis dans la succes-

______

(1) Voy. notamment Glück, *Pandect.*, XXXIII, p. 184-194; Rudorff, *Vormundsch.*, I, p. 135, n. 25; Puchta, *Institut.*, II, § 202, n. *u;* Accarias, *Précis,*
I (4ᵉ éd.), p. 435, n. 1.

(2) C'est l'ancienne signification du mot *nequitia*. Nous savons par un passage d'Aulu Gelle qu'elle était tombée en désuétude, et que ce mot avait fini
par se prendre dans le sens de fourberie, *solertia astutiaque;* pour rétablir
le sens primitif, l'auteur des nuits attiques cite des fragments de Cicéron,
de Varron, de Scipion. *Noct. attic.*, VII, 11.

(3) Le mot *res*, servant à désigner le patrimoine, est d'une très ancienne
latinité; à l'époque de Cicéron et de Varron, on ne l'emploie plus dans ce
sens qu'en y ajoutant une épithète, par exemple *privata* ou *familiaris*. V. Voigt,
das jus natur., t. II, p. 155, n. 152; t. IV, p. 123.

sion de son père; or ce sont précisément ces biens que le préteur accusait le prodigue de dissiper. Le décret était donc manifestement dirigé contre les mêmes personnes que l'ancienne loi mettait en curatelle. On a pu conjecturer qu'il était calqué sur le texte des Douze-Tables (1); en tout cas, il en reproduisait fidèlement la pensée, et on peut affirmer que les termes en ont été fixés à une époque où le prodigue ne pouvait être frappé d'interdiction s'il n'avait pas recueilli l'héritage paternel.

Le jurisconsulte Paul rattache notre décret à la coutume : *moribus*. Il faut entendre par là l'antique usage dont nous avons cherché les premières origines dans le gouvernement intérieur des *gentes* et que la loi des Douze-Tables se borna sans doute à consacrer. C'est un contre sens historique, d'y voir une allusion à la création de la curatelle dative (2).

III. Mais il ne suffit pas de constater que nous possédons la formule traditionnelle du décret. Ce qu'il faut reconnaître, c'est que cette formule démontre l'existence d'un système

---

(1) V. *supra*, p. 6.

(2) On lit dans le *Dictionnaire des antiquités* de Daremberg et Saglio, au mot *Curator* (t. I, p. 1618, n. 10) : « Les jurisconsultes, sur la foi de Gaius et de Justinien, attribuent à la loi des Douze-Tables la *cura prodigi* telle qu'elle vient d'être exposée. Les historiens éprouveront peut-être quelques scrupules et hésiteront à faire remonter au droit ancien cette formule d'interdit prononcée par le préteur. Cependant cette formule, quelle que soit la date de la rédaction qui nous a été transmise, paraît bien inspirée par la loi des Douze-Tables, et la restriction *bona paterna avitaque* remonte certainement à la législation primitive. Puchta pense qu'il y a analogie entre la *cura furiosi* et la *cura prodigi*, et regarde comme *legitima* la *cura* imposée au prodigue, héritier *ab intestat* du patrimoine. » Je ne comprends pas très bien le sens des réserves qu'exprime ainsi, au nom des historiens, le savant collaborateur du *Dictionnaire des antiquités*, M. Thédenat. Prétend-on soutenir qu'iln'y eut jamais, pour les prodigues, de curateurs légitimes, c'est-à-dire appelés par la loi des Douze-Tables? Ce serait une thèse hardie. L'opinion de Puchta, qu'on cite sur ce point, n'a jamais été contredite par personne que je sache. Veut-on dire, comme le pensait Cujas, que dans le droit ancien le magistrat ne prononçait pas de décret d'interdiction, ou simplement que la formule du décret n'était pas alors conçue dans les termes qui nous ont été transmis dans les *Sentences?* C'est ce que je ne parviens pas à démêler. Dans tous les cas, il est regrettable que M. Thédenat ne nous ait fait pas connaître les raisons de douter qui, d'après lui, font hésiter l'historien, sans émouvoir le jurisconsulte.

d'interdiction tout différent de celui qu'on trouve exposé dans les écrits des jurisconsultes classiques; c'est qu'elle atteste ainsi, dans l'histoire de notre institution, une transformation complète.

La théorie classique de l'incapacité de l'interdit est bien connue. Elle consiste essentiellement en une distinction entre les actes qui tendent à rendre la condition meilleure et ceux qui tendent à la rendre pire : le prodigue interdit reste capable de faire les premiers; il est incapable de faire les autres. Or, ce qui est très remarquable, c'est que cette théorie ne présente absolument rien de commun avec la prohibition prononcée par le magistrat, dans le décret dont nous connaissons la formule. Elle a été sans doute construite par la jurisprudence, mais il ne paraît pas possible qu'elle ait eu ce décret pour fondement. De la formule *ea re commercioque interdico*, il ressort bien certains principes régulateurs de la condition de l'interdit, et nous essayerons plus tard de les dégager; mais ce ne sont pas ceux que la doctrine classique a consacrés.

Remarquons d'abord l'exacte portée des mots *ea re interdico*. Le préteur commence par reprocher au prodigue de dilapider les biens paternels; puis il lui fait défense d'en disposer. Qu'on y prenne garde : cette défense n'est pas générale; elle est expressément limitée aux biens dont il vient d'être parlé. *Quando tibi bona paterna avitaque..., ob eam rem... :* c'est parce que le prodigue dissipe l'héritage paternel qu'il est frappé d'interdiction. *Ea re interdico;* c'est à cette partie du patrimoine qu'il lui est interdit de toucher.

En général on n'entend pas ainsi les paroles du préteur; on n'en limite pas la portée à une catégorie de biens. Il est certain que les jurisconsultes classiques ne paraissent tenir nul compte de la provenance des biens du prodigue pour déterminer les effets de l'interdiction, et on pense très communément que le décret d'interdiction doit être mis d'accord avec cette doctrine. Mais, c'est à tort; on fausse ainsi le sens des paroles que le préteur prononçait. Il faut reconnaître que le décret contenait une restriction dont les fragments du Digeste ne parlent plus et qui, sans doute, a fini par disparaître. Telle est l'interprétation admise par les deux auteurs qui, dans ces dernières années, ont étudié, avec le plus de soin, la théorie romaine de l'interdiction, MM. Voigt (1) et Ubbelohde (2). Elle s'appuie très solidement sur le texte de Paul.

On en a cherché la confirmation, en dehors de ce texte, dans plusieurs passages de Cicéron (3), de Quintilien (4), de Valère Maxime (5), où il est question de prodigues qui dissipent les biens paternels et qui sont frappés par l'interdiction dans la jouissance de ces biens eux-mêmes. Ces passages, et beaucoup d'autres semblables qu'on pourrait citer (6), ne font-ils pas allusion à l'interdiction du droit ancien, et ne donnent-ils pas à entendre que son effet était limité aux *bona paterna avitaque?*

Nous nous garderons d'exagérer la valeur d'un tel argument. En fait, il arrive le plus souvent que le prodigue a pour toute fortune les biens que son père lui a laissés. Peut-être est-ce pour s'être placés dans cette hypothèse, la plus fréquente de toutes, que les auteurs dont il s'agit n'ont parlé que de l'héritage paternel (7).

(1) Voigt, *Das jus natur.*, IV, p. 123. Indem nun das Interdict dem *Prodigus ea re*, d. i. *re paterna avitaque* interdicirte, so war die Wirkung hiervon die, dass dadurch das vom Vater *ab intestato* ererbte Hauswesen dem Interdicirten untersagt... wurde.

(2) Ubbelohde, *loc. cit.*, in *Zeitschr. Grünhut*, IV, p. 673. Die civile Prodigalitätserklärung ist nicht blos in ihren Voraussetzungen beschränkt : auch ihre Wirkung hat, jenen, genau entsprechend, ein begrenztes Gebiet, eben die *ab intestato* ererbten *bona paterna avitaque.*

(3) Cicér., *De senect.*, 7, 22. *Quemadmodum more nostro male gerentibus* PATRIIS *bonis interdici solet.* M. Ubbelohde (*loc. cit.*, p. 674), cite ainsi ce texte, mais à tort. Il faut lire : *male gerentibus* PATRIBUS *bonis interdici solet*, et cela supprime l'argument. J'aurai l'occasion de revenir sur ce passage de Cicéron, et de montrer qu'il ne se réfère pas à l'ancienne interdiction fondée sur la loi des Douze-Tables.

(4) Quintil., *Inst. Orat.*, VI, 3. Quintilien rapporte ici que, dans une plaidoirie, Crassus, ayant Brutus pour adversaire, lui demanda, à propos de certains domaines qui avaient appartenu à son père, ce qu'ils étaient devenus; or Brutus les avait vendus. *Ubi essent eæ possessiones? Omnes autem illas Brutus vendiderat; et quum* PATERNA *emancuparet* PRÆDIA, *turpis habebatur.*

(5) Val. Max., III, 5, 2. v. *Suprà*, p. 10, n. 1.

(6) Voy. les nombreux textes cités par M. Voigt, *Die Zwölf Taf.*, II, p. 344, n. 35.

(7) Il ne faudrait pas opposer cette objection à l'argument fondé sur les termes du décret : *quando tibi bona paterna ea re interdico.* Que les biens recueillis par le prodigue dans la succession de son père soient seuls mentionnés, on peut soutenir que cela n'a pas d'importance, chez les écrivains qui rapportent tel ou tel exemple d'interdiction. Mais il en est tout autrement,

Il faut toutefois retenir parmi les textes qu'on a cités celui de Valère Maxime. Nous l'avons rencontré déjà, et nous y avons vu, très nettement exprimée, la raison qui, à l'époque la plus ancienne, justifiait l'interdiction du prodigue. On doit y remarquer aussi la façon dont Valère Maxime qualifie le fait particulier d'interdiction qu'il rapporte; elle s'accorde parfaitement avec l'idée d'une interdiction limitée à l'héritage paternel. *Ei Q. Pompeius prætor urbanus* PATERNIS BONIS INTERDIXIT. Ces mots ne rappellent-ils pas les termes du décret *ea re... interdico*, et n'en précisent-ils pas le sens? L'historien ajoute : *quem ergo nimia patris indulgentia heredem reliquerat, publica severitas exheredavit.* « Celui qu'un père trop indulgent n'avait pas exclu de sa succession, la sévérité publique l'exhéréda. » L'interdiction équivalait ainsi à une sorte d'exhérédation prononcée par le magistrat; ce qu'elle enlevait au prodigue, c'était l'héritage paternel.

Cette manière d'entendre la portée de l'interdiction est tout à fait en harmonie avec l'ancien principe qui restreignait l'application de la curatelle légitime. Puisque, d'après la loi des Douze-Tables, l'interdiction ne pouvait être prononcée que dans le cas où les biens paternels étaient compromis, il était naturel et logique qu'une fois prononcée elle ne produisît d'effet que pour la sauvegarde de ces biens eux-mêmes. On aurait dépassé le but, en faisant bénéficier d'une protection organisée en vue des biens de famille ceux qui provenaient d'une autre source. Il y a là une conséquence nécessaire, et elle s'impose surtout si l'on admet, comme nous l'avons fait, que la première origine de l'interdiction doit être cherchée dans une ancienne règle d'inaliénabilité, limitée d'abord à l'*heredium*, puis étendue aux *bona paterna avitaque*.

Il y avait, dans le décret d'interdiction, une autre formule prohibitive : *commercio interdico*. Cette formule devait naturellement avoir pour effet d'enlever à l'interdit le *commercium*, et il faut entendre par là la faculté d'accomplir les actes du droit civil qui concernent le patrimoine, particulièrement la

dans la formule même du décret. On ne peut admettre que les paroles prononcées par le préteur n'eussent pas un sens précis. Le prodigue ne pouvait évidemment devenir incapable que dans la mesure exacte où cette formule lui enlevait la capacité.

mancipation. Ce qui devait former le trait dominant et vraiment caractéristique de la condition du prodigue ainsi frappé, c'était la déchéance du *commercium*. Or, on ne remarque point que les jurisconsultes classiques expliquent par cette déchéance les nombreuses décisions qu'ils donnent relativement à l'incapacité de l'interdit (1), et il n'est pas possible de les y rattacher comme au principe d'où elles auraient été déduites ; ce n'est certainement pas sur ce fondement que la jurisprudence a édifié son système. A ce point de vue encore, le décret d'interdiction n'est pas d'accord avec la doctrine des jurisconsultes classiques.

Nous essayerons plus tard de faire sortir de la double formule *eâ re commercioque interdico* le régime d'incapacité que, dans l'ancien droit, l'interdiction devait entraîner, et nous trouverons ainsi la solution de difficultés qui ne s'expliquent pas, quand on prétend les ramener à la théorie du Digeste.

IV. Il faut conclure, en somme, que le droit romain a pratiqué deux systèmes d'interdiction différents. C'est déjà ce qu'admettait Cujas, dans la doctrine que nous avons rappelée ; mais, d'après le grand romaniste, le décret d'interdiction aurait caractérisé le système du droit nouveau ; nous croyons, au contraire, qu'il se rattache au système le plus ancien. Ce qui les distingue l'un de l'autre, ce n'est pas, comme le pensait Cujas, que l'un fût applicable de plein droit, et l'autre seulement en vertu d'une décision de justice ; ce sont certains caractères, que la formule du décret, comparée à l'ensemble des textes du droit classique, nous a fait entrevoir, et que nous nous efforcerons par la suite de préciser.

Ces conclusions sont absolument d'accord avec celles que le texte d'Ulpien, relatif à la distinction de la curatelle légitime et de la curatelle dative, nous a déjà permis de formuler. Les règles de la curatelle légitime nous ont fourni le type d'une institution primitive, unie à l'organisation de la famille civile et probablement issue de la *gens* ; c'est cette même institution que le décret d'interdiction nous révèle, en y ajoutant quel-

---

(1) Un seul texte mentionne, comme cause de l'incapacité de l'interdit, la déchéance du *commercium ;* il est étranger à la compilation de Justinien, et je montrerai plus tard pourquoi on est autorisé à le rattacher au système de l'ancienne loi. Ulp., *Reg.*, XX, 13.

ques traits nouveaux, parfaitement en harmonie avec son principe. D'autre part, la curatelle dative nous est apparue comme la manifestation d'une pensée nouvelle, fondant à la fois sur l'intérêt social et sur l'intérêt des particuliers la protection accordée au patrimoine du prodigue; c'est sous cette même influence qu'a dû se former, en contradiction avec les termes du décret, une théorie nouvelle de l'incapacité de l'interdit.

Mais, comment cette transformation s'est-elle accomplie? C'est la question que nous allons maintenant examiner.

III.

De la formation successive des deux systèmes d'interdiction. I. D'après M. Voigt, le nouveau système aurait été déduit, par voie d'interprétation, de la loi des Douze-Tables. — II. Il fut créé par la jurisprudence en vue de certains cas où la loi ne s'appliquait pas, et ainsi, à l'époque classique, il y avait simultanément deux systèmes d'interdiction différents. Opinion de M. Ubbelohde. — III. Explication de la l. 1, Dig., De curat. fur. (27.10). Cette loi contient une antithèse entre l'interdiction prononcée LEGE XII TABULARUM *et la coutume qu'ont les magistrats de donner des curateurs aux prodigues,* EXEMPLO FURIOSI. *C'est la distinction même des deux systèmes d'interdiction.*

Il s'agit de savoir comment l'interdiction primitive, dont le décret nous a paru reproduire les traits essentiels, a fait place au système nouveau, définitivement consacré dans les textes du Digeste.

Ce qui surprend tout d'abord, quand on cherche à résoudre ce problème, c'est qu'à l'époque classique, le décret d'interdiction n'a pas cessé d'être en usage. Il est manifestement empreint des principes du droit ancien, et cependant Paul nous en parle comme d'une formule que, de son temps, le préteur continue d'employer (1).

De là une difficulté fort embarrassante; comment est-il possible de concilier avec le maintien de l'ancienne formule le changement qui s'est produit dans les principes de l'interdiction?

______

(1) Paul, *Sentent.*, III, 4ᴬ, § 7.

I. On peut d'abord être tenté de soutenir que la théorie de
l'interdiction s'est insensiblement transformée, par l'œuvre
des magistrats et des jurisconsultes, sans jamais cesser de
s'appuyer, du moins en apparence, sur la loi des Douze-
Tables et sur le décret traditionnel. C'est l'opinion qu'a dé-
fendue M. Voigt (1). D'après l'éminent romaniste, lorsque le
préteur voulut rendre incapables des personnes que la loi
laissait sans protection, c'est la formule de l'ancien décret
qu'il leur appliqua; il s'en servit ainsi pour frapper tous les
prodigues sans distinction, ceux qu'il mettait lui-même en
curatelle comme ceux qui recevaient des curateurs légitimes.
De même, si la jurisprudence régla par des principes nouveaux l'incapacité du prodigue, elle le fit pour déterminer les
effets de la formule d'interdiction elle-même; la théorie juris-
prudentielle est sortie de cette formule au moyen d'une interprétation qui, sans doute, s'écartait sensiblement du texte,
mais qui toutefois en paraissait être le développement rationnel. L'interdiction, telle qu'elle est organisée dans le dernier
état de droit, n'a pas d'autre base que la loi des Douze-Tables,
extensivement appliquée par le préteur, librement interprétée
par la jurisprudence; même sous Justinien, il est encore vrai
de dire : *Lege duodecim tabularum prodigo interdicitur.* Aussi
la persistance de l'ancien décret d'interdiction n'a-t-elle rien
qui doive nous surprendre; elle est seulement une preuve de
l'art consommé avec lequel les jurisconsultes de Rome sa-
vaient plier, assouplir les textes et les formules à des applications imprévues (2).

Cette ingénieuse hypothèse ne nous paraît pas admissible.
Nous ne contestons pas la puissance créatrice de l'interprétation
des Prudents, mais nous ne voyons pas comment cette interprétation serait parvenue à tirer de la loi des Douze-Tables et de
la formule d'interdiction des décisions qui étaient avec elles
en opposition flagrante.

N'est-il pas d'abord évident que, dans le cas où le prodigue
n'avait pas recueilli la succession de son père, les mots

---

(1) Voigt, *Das jus naturale*, IV, p. 122-129.

(2) Voigt, *l. c.*, p. 129 : Hierin werden wir mit Recht einen ächten Zug des
römischen Volksgeistes anerkennen dürfen, der fest an dem Alten hängt,
gleich am erprobten, vertrauten Freund.

« *quando tibi bona paterna avitaque nequitia tua disperdis* » ne pouvaient pas être prononcés? Comment le préteur aurait-il motivé l'interdiction par une raison matériellement inexacte? Il est certain qu'en pareille hypothèse la loi des Douze-Tables ne recevait pas d'application, puisque le curateur était nommé par le magistrat; il n'y avait pas plus de place pour le décret d'interdiction que pour la curatelle légitime, car l'un supposait, aussi bien que l'autre, que les biens paternels étaient compromis.

Il nous semble également incontestable que des prodigues atteints par la formule « *eâ re commercioque interdico* » n'ont pas pu être soumis au genre d'incapacité dont les règles sont écrites au Digeste. On suppose que la théorie créée par la jurisprudence a été déduite des termes du décret par voie d'interprétation, mais on ne montre pas par quel lien logique elle s'y rattache, et ce lien fait absolument défaut.

II. On voit dès à présent à quelle conclusion nous nous acheminons. Nous reconnaissons qu'à l'époque classique le décret d'interdiction était encore en usage, mais nous ne pouvons admettre qu'il fût dans tous les cas applicable. Une distinction s'impose. Le prodigue tombait-il sous le coup de la loi des Douze-Tables : le décret d'interdiction était rendu contre lui. Le prodigue était-il de ceux que l'ancienne loi n'avait pas prévus : le magistrat le mettait en curatelle, sans avoir recours à l'ancien décret. Dans le premier cas, l'incapacité de l'interdit devait être réglée d'après la formule d'interdiction; c'est en vue de la seconde hypothèse que la jurisprudence dut construire, sans être gênée par le texte, un nouveau système d'incapacité. Ainsi l'impossibilité de ramener à une idée commune les données que fournissent les textes relatifs à l'interdiction, nous conduit à penser qu'il y avait, à l'époque classique, deux sortes d'interdiction, régies par des principes différents, l'une fondée sur la loi des Douze-Tables, l'autre dérivant d'une coutume plus récente.

Il est vrai que dans le dernier état du droit aucune distinction de ce genre n'apparaît. C'est une seule interdiction, la même pour tous les prodigues, que les fragments rassemblés dans la compilation de Justinien nous font connaître. Mais il ne s'ensuit pas que l'interdiction ait toujours présenté ce ca-

ractère d'unité. L'ancienne dualité de systèmes a laissé des
traces, soit dans les fragments de jurisconsultes qui nous sont
parvenus en dehors de l'intermédiaire de Justinien, soit dans
l'œuvre même de cet empereur. L'étude attentive des textes
nous permettra d'établir, preuves en mains, l'existence des
deux systèmes d'interdiction, et, nous l'espérons du moins, de
retracer fidèlement la physionomie propre à chacun d'eux.

Le principe de cette distinction a été proposé pour la première fois par M. Ubbelohde, dans sa remarquable dissertation sur la capacité des prodigues et des mineurs de vingt-
cinq ans. Comme l'éminent auteur, nous admettrons qu'il y
eut pendant longtemps deux sortes de prodigues interdits. Sa
très savante argumentation nous a, sur ce point, pleinement
convaincu. Mais ce n'est pas à dire qu'il nous soit possible
d'adhérer sans réserve à ses conclusions. Ce qui, d'après M.
Ubbelohde, distingue essentiellement les deux sortes de prodigues interdits, c'est que l'incapacité des premiers était sanc-
tionnée par le droit civil et celle des seconds par le droit prétorien ; sa dissertation est le développement de cette antithèse.
Nous pensons, au contraire, que les deux systèmes d'interdiction procédaient également du droit civil, que l'un était
fondé sur la loi et l'autre sur la coutume, et nous essaierons
d'en déterminer les caractères essentiels sans recourir à l'idée
d'un conflit entre le droit prétorien et le droit civil.

III. La solution du problème qui nous occupe doit être cherchée dans un texte d'Ulpien, que les rédacteurs du Digeste
ont placé en tête du titre *de curatoribus furioso et aliis extra
minores dandis*, et où se trouvent les éléments d'une véritable
histoire de l'interdiction. Étudions ce texte avec soin. Il joue,
dans la doctrine que nous allons exposer, le rôle d'un argument fondamental.

Ulp. lib. prim. ad Sabinum (1, Dig., *De cur. fur.*, 27, 10).
*Lege duodecim tabularum prodigo interdicitur bonorum suorum
administratio, quod moribus quidem ab initio introductum est.
Sed solent hodie prætores vel præsides, si talem hominem invenerint, qui neque tempus neque finem expensarum habet, sed
bona sua dilacerando et dissipando profudit (1), curatorem ei*

____

(1) Peut-être faut-il lire *profundit*. V. l'édition de Mommsen.

*dare exemplo furiosi : et tamdiu erunt ambo in curatione,
quamdiu vel furiosus sanitatem vel ille sanos mores receperit :
quod si evenerit, ipso jure desinunt esse in potestate curatorum.
§ 1. Curatio autem ejus, cui bonis interdicitur, filio negabatur
permittenda : sed extat divi Pii rescriptum filio potius curationem permittendam in patre furioso, si tam probus sit.*

Ulpien nous parle d'abord de l'interdiction des prodigues,
qu'il fonde sur la loi des Douze-Tables, puis de la curatelle
dative des prodigues. Il donne ensuite deux décisions, dont
l'une se réfère à la cessation des pouvoirs du curateur, et
l'autre à la question de savoir si un fils peut être nommé curateur de son père. Que nous apprend-il sur le développement
historique de l'interdiction?

Le commencement du texte *lege duodecim tabularum prodigo
interdicitur...* soulève une première difficulté, à laquelle nous
ne nous arrêterons pas longtemps. D'illustres commentateurs
ont traduit cette phrase en ce sens que le prodigue serait de
plein droit en état d'interdiction, et que le magistrat n'aurait
pas à le frapper d'incapacité. Doneau (1) pensait que telle
était, d'une manière absolue, la règle romaine, et qu'elle
s'appliquait même lorsque le préteur nommait le curateur du
prodigue. D'après Cujas (2), cette règle aurait été admise par
la loi des Douze-Tables, puis aurait disparu, lorsque les
magistrats nommèrent eux-mêmes des curateurs aux prodigues, et tel serait précisément le sens de l'opposition que le
jurisconsulte établit entre l'ancienne loi et l'usage de la curatelle dative. Ces deux opinions sont aujourd'hui tombées dans
un complet discrédit. Les mots *lege duodecim tabularum prodigo interdicitur...* ne doivent pas s'entendre en ce sens que
l'interdiction aurait été attachée de plein droit au seul fait de
la prodigalité; ils signifient simplement qu'elle était prononcée en vertu de la loi des Douze-Tables, mais elle l'était par
décret du magistrat. Tenons ce premier point pour certain,
sans y insister davantage, et essayons de bien comprendre la
pensée du jurisconsulte.

Voici comment il faut la traduire :

---

(1) Doneau, *ad l.* 6, Dig., *de verb. oblig.*, Florence, 1847, t. XI, p. 612.
(2) Cujas, *ad l.* 6, Dig., *de verb. oblig.*, Naples, I, p. 1165-1166.

« Il y a, dit d'abord Ulpien, une interdiction fondée sur la loi des Douze-Tables, et plus anciennement sur la coutume; » c'est celle qui est prononcée dans la forme du décret traditionnel, lorsque les conditions requises par la loi sont réunies. « Mais il y a une autre pratique, actuellement suivie : les préteurs et les gouverneurs de province nomment eux-mêmes des curateurs aux prodigues. » Cela signifie qu'au lieu de frapper le prodigue d'interdiction conformément à la loi, c'est-à-dire en usant de la formule du décret, le magistrat se contente de lui donner un curateur : c'est un procédé d'interdiction d'un nouveau genre. Le jurisconsulte oppose ainsi l'un à l'autre deux systèmes d'interdiction, l'un fondé sur la loi des Douze-Tables, l'autre tenant à l'organisation de la curatelle dative.

En général, les commentateurs ne reconnaissent qu'une seule espèce d'interdiction; aussi n'entendent-ils pas notre texte dans le sens que nous venons de lui donner. Ulpien constate, dit-on, d'une façon générale, que l'interdiction dérive de la loi des Douze-Tables, et il ajoute que les magistrats ont fini par s'attribuer la nomination des curateurs; mais on refuse de voir, dans ces deux propositions, la distinction des deux systèmes d'interdiction qui, suivant nous, en résulte.

Telle est l'interprétation commune. Nous ne croyons pas qu'elle rende exactement le sens du texte. Elle supprime l'antithèse, si nettement marquée par l'emploi du mot *sed*, entre les deux phrases « *lege duodecim tabularum...,* » et « *sed solent hodie prætores...* » Elle admet comme deux principes qui ne se contrediraient en rien, et qui seraient également applicables dans les mêmes hypothèses, que l'interdiction est prononcée en vertu de la loi des Douze-Tables et que les magistrats nomment des curateurs aux prodigues. Or, il y a là au contraire deux idées qui se heurtent. Ou bien l'interdiction est prononcée *lege*, ce qui suppose évidemment la réunion des conditions prescrites par la loi; et alors ce n'est pas, en principe (1), le préteur qui nomme le curateur; c'est la loi elle-même. Ou bien le préteur nomme le curateur du prodigue, ce

____

(1) Nous disons « en principe, » parce que, faute d'agnats et de *gentiles,* le curateur pouvait, en pareil cas, être nommé par le magistrat.

qui arrive lorsqu'il s'agit d'un prodigue qui, d'après la loi, n'encourt pas l'interdiction ; et alors il n'est pas possible de dire que l'interdiction a lieu *lege*.

Poursuivons l'analyse du texte. « C'est un usage établi, pour les préteurs et les gouverneurs de province, s'ils reconnaissent qu'une personne ne met pas de borne à ses dépenses, mais, à force d'excès et de gaspillages, dissipe son patrimoine, de lui donner un curateur..... »

Ulpien semble ici poser en principe que dans tous les cas le curateur est nommé par le magistrat, et il est permis de s'en étonner, car il est bien certain qu'à l'époque d'Ulpien, la curatelle légitime du prodigue existe toujours (1). Nous ne voyons pas comment, dans l'opinion communément admise, il serait possible d'expliquer la généralité du texte, si ce n'est en recourant à l'hypothèse d'une interpolation. Dans l'explication que nous proposons, avec M. Ubbelohde, la portée des termes trop généraux employés par le jurisconsulte se restreint d'elle-même. En effet, nous entendons le fragment d'Ulpien en ce sens que les deux principes « *lege interdicitur* » et *solent prætores curatorem dare* » sont en opposition l'un avec l'autre, et que l'un n'est susceptible d'application que dans le cas où l'autre ne devrait pas lui-même être appliqué : d'où résulte qu'ils se limitent naturellement l'un l'autre. Lorsqu'Ulpien dit que l'interdiction est prononcée *lege*, il sous entend : « pourvu que les conditions requises par la loi soient remplies ; » et lorsqu'il ajoute que le magistrat nomme le curateur, il sous-entend aussi : « à moins qu'il n'y ait lieu à la curatelle légitime (2). »

---

(1) Ulp., *Reg.*, XII, 1-4.

(2) Au reste, il n'est pas impossible que cette partie du texte ait subi quelque retouche. La question de savoir si, dans le droit de Justinien, la curatelle légitime du prodigue n'a pas disparu, est controversée, et je la résoudrai par l'affirmative. Or il est bien possible que les rédacteurs du Digeste aient prêté à Ulpien des expressions générales, pour lui faire dire qu'en toutes circonstances il appartenait au magistrat de nommer le curateur. Le membre de phrase « *si talem hominem invenerint qui neque tempus neque finem...*, etc., » est d'une grande prolixité, et a paru suspect à des juges très autorisés : Lenel, *Palingen. juris.*, II, p. 1019, n. 6 ; Kalb, *das Juristenlatein*, p. 79, n. 7 ; Puchta, *Instit.*, § 299, 2. Glück soutient au contraire, avec Godefroy et Doneau, que ce texte n'a pas dû subir d'altération : Glück, *Pandect.*, t. XXXIII, p. 170.

Nous avons arrêté notre traduction aux mots *exemplo furiosi*. Ici se trouve le point culminant du texte : Ulpien va nous indiquer l'idée fondamentale du nouveau système d'interdiction qu'il oppose à l'interdiction *lege*. Les magistrats, dit-il, ont coutume de nommer des curateurs au prodigue, *exemplo furiosi*, comme s'il s'agissait d'un *furiosus*.

Il n'est pas douteux que la comparaison du prodigue avec le fou ne tienne une place importante dans la théorie romaine de l'interdiction. Ce n'est pas seulement dans ce texte, c'est à chaque instant, que les jurisconsultes rapprochent ces deux catégories d'incapables. Il est curieux de remarquer que sur ce point ils sont d'accord avec la science moderne. Les aliénistes nous apprennent que l'excessive prodigalité est fréquemment la manifestation de véritables maladies mentales; ils la signalent en particulier parmi les symptômes qui marquent le début de la paralysie générale (1), et ceux qui ont étudié l'histoire de l'aliénation n'ont pas manqué d'observer que déjà, dans le Digeste, les prodigues étaient comparés à des fous (2). En faisant ce rapprochement, les jurisconsultes romains n'ont assurément pas eu la prétention de formuler une vérité d'ordre physiologique; c'est uniquement au point de vue juridique qu'ils se sont placés, mais à ce point de vue l'analogie qu'ils constatent paraît avoir eu, dans leur pensée, une importance capitale. Ils reviennent sur cette idée avec une sorte d'insistance et, si nous ne nous trompons, c'est sur elle qu'ils ont fondé un nouveau système d'interdiction.

Telle est la thèse que nous nous proposons de défendre.

____

(1) *Dictionnaire des sciences médicales* (Dechambre), au mot *Paralysie générale*, t. 20, p. 727; De Krafft Ebing, *La responsabilité criminelle et la capacité civile*, trad. par Chatelain, Paris, 1875, p. 128; Legrand du Saülle, *L'interdiction des aliénés et le conseil judiciaire*, Paris, 1881, p. 381 et s.

(2) Legrand du Saulle, *l. c.*, p. 449, 493. H. Coutagne, *La folie au point de vue judiciaire et administratif*, Lyon, 1888, p. 28. Dans ce dernier ouvrage, qui est la reproduction d'un cours récemment professé à la Faculté de droit de Lyon, le savant docteur signale l'intérêt historique que présente, au point de vue médical, le rapprochement fait par les Romains entre la folie et la prodigalité, et il rappelle à ce sujet « les formes pathologiques, connues sous les noms de *folie morale, folie lucide*, dans lesquelles les dilapidations les plus préjudiciables à l'intérêt des familles cachent pendant longtemps des perturbations mentales de la plus haute gravité. »

Elle n'est pas conforme à la doctrine généralement admise. La plupart des romanistes n'admettent ni que la comparaison de la prodigalité avec la folie ait eu, en matière d'interdiction, la valeur d'un principe fondamental, ni surtout qu'il en faille reporter l'origine à l'établissement de la curatelle dative. Nous essayerons, sur ces deux points, de rétablir le véritable sens de la théorie romaine. Les deux propositions que nous venons d'énoncer et que personne, avant M. Ubbelohde, n'avait imaginé de soutenir, sont étroitement unies l'une à l'autre : mais pour plus de clarté, nous les démontrerons séparément.

IV.

Importance juridique de la comparaison des prodigues avec les fous : c'est un véritable principe de droit. — I. Nombreux fragments du Digeste, qui règlent, sur cette analogie, la curatelle et l'incapacité du prodigue. — II. Passages de Sénèque et de Quintilien, qui font une sorte de confusion entre la demande d'interdiction et la demande de nomination d'un curateur pour cause de folie. — III. L'opinion générale pose en principe que l'incapacité du prodigue est semblable à celle du pupille, non à celle du fou. Elle se fonde sur ce que le prodigue peut rendre sa condition meilleure et s'obliger par ses délits. Réfutation. — IV. Comment expliquer que le prodigue soit assimilé à un fou, et que cependant il conserve une certaine capacité ? Il est atteint d'une folie partielle, et n'est incapable qu'en tant qu'il agit sous l'empire de la folie. — V. Démonstration de cette théorie.

On attache en général fort peu d'importance à la comparaison que font les jurisconsultes romains entre la prodigalité et la folie. Les interprètes la mentionnent, mais le plus souvent sans y insister, sans en tirer aucune conséquence pratique. Ils y voient simplement une observation destinée à justifier les mesures prises pour la conservation des biens du prodigue, mais non un véritable principe de droit d'après lequel auraient été déterminés les effets de l'interdiction. Si l'incapacité de l'interdit peut être rapprochée de quelque autre, ce n'est pas à celle du fou, c'est à celle du pupille qu'on doit la comparer : tel est le point de vue auquel on se place communément. L'assimilation des prodigues et des fous ne serait qu'une remarque de moraliste ; juridiquement elle n'aurait aucun intérêt (1), et certains auteurs, des plus considérables, se bornent à la critiquer (2).

C'est là un procédé d'interprétation qui nous semble tout à fait inacceptable. Il n'est pas possible d'écarter, sous prétexte d'inexactitude, la pensée des jurisconsultes romains; il s'agit de la comprendre, et de lui faire, dans la théorie qu'ils ont édifiée et que nous devons fidèlement reconstruire, la place qui en réalité lui appartient. Or la comparaison de la prodigalité et de la folie est trop fréquemment reproduite, elle est trop nettement présentée comme la raison des solutions données en matière d'interdiction, pour qu'on puisse prétendre qu'elle n'avait, en droit, aucune portée.

I. La valeur juridique de cette idée ressort d'un grand nombre de textes que nous allons parcourir. Nous y verrons que, pour régler la condition du prodigue, les jurisconsultes remontent constamment à l'analogie de la prodigalité avec la folie, comme au principe qui, en cette matière, dicte leurs décisions.

C'est sur ce principe qu'ils fondent l'institution même de la curatelle du prodigue. Si les prodigues doivent recevoir des curateurs, nous dit Antonin le Pieux, c'est qu'ils sont, en ce qui concerne l'administration de leurs biens, de véritables insensés (3).

Ulpien n'est pas moins formel, dans le texte fondamental que nous avons traduit (4). L'expression qu'il emploie est des plus significatives. Le préteur, dit-il, met les prodigues en curatelle *exemplo furiosi*; autrement dit, il les tient pour fous, et c'est pourquoi il leur applique le régime institué pour la protection du fou. La curatelle qu'il organise pour eux n'est pas une institution originale; ce n'est qu'une imitation, une copie de la curatelle du fou, une *cura exemplo furiosi*.

De là résulte que cette curatelle doit, en principe, être sou-

_____

(1) Kuntze, *Cursus des röm. Rechts*, § 419, p. 272 : « die häufige zusammenstellung mit dem *furiosus* ist mehr in sittlichen (*insani mores*) als juristischen sinne gemeint. »

(2) Savigny, *Système*, trad. Guenoux, t. 3, p. 88, 89. Accarias, *Précis*, I, 4° éd., p. 442, n. 2 : « On a assez justement comparé le prodigue au pupille... Par cela même on se trompe lorsqu'on le compare d'une manière absolue au fou (L. 40, *De reg. jur.*, 50, 17). » Machelard, *Oblig. natur.*, p. 267-269.

(3) 12, § 2, Dig., *De tut. et cur. dat.* (26,5). V. *supra*, p. 15, n. 3.

(4) *Supra*, p. 27 et s.

mise aux mêmes règles que celles du fou, et ce n'est pas nous qui tirons cette conséquence, c'est Ulpien lui-même. A l'idée qu'il vient d'exprimer, il rattache en effet deux corollaires.

D'abord il décide que, dans le cas de prodigalité comme dans le cas de folie, les pouvoirs du curateur prennent fin par le retour du fou à la raison ou du prodigue à un genre de vie raisonnable. Nous verrons plus tard à quelles difficultés cette proposition a donné lieu, et sous quels prétextes beaucoup d'auteurs ont refusé d'admettre que le prodigue pût, par un simple changement de conduite et sans l'intervention du magistrat, recouvrer la capacité. A notre avis, aucune hésitation n'est possible. Le jurisconsulte applique certainement la même règle aux deux curatelles ; il reconnaît donc que l'amélioration des mœurs de l'interdit suffit, comme la guérison du fou, à faire cesser l'incapacité. Nous voyons là une éclatante confirmation de cette idée que la curatelle du prodigue est créée à l'imitation de celle du fou.

Ulpien pose ensuite la question de savoir si un prodigue peut recevoir pour curateur son propre fils, et il se contente, il est vrai, de la poser, mais de manière à ne laisser aucun doute sur la solution qu'on doit admettre. Il commence par rappeler une doctrine ancienne, qui ne permettait pas au fils d'être curateur de son père interdit ; puis il ajoute que, dans le cas de folie du père, un rescrit d'Antonin le Pieux veut que le fils soit appelé à la curatelle : d'où il faut conclure que, si le père était interdit, la même solution devrait être donnée. Cette solution n'est pas formellement exprimée, et elle n'avait pas besoin de l'être ; elle résulte naturellement, logiquement, comme la décision précédente, du principe d'après lequel la curatelle du prodigue est une extension de la curatelle du fou.

Un raisonnement identique à celui qui a dicté ces deux décisions se retrouve dans un fragment de Tryphoninus (1). Le jurisconsulte rappelle d'abord un rescrit de Marc-Aurèle,

---

(1) Tryphoninus, *lib. tertio decimo disputationum* : 16, Dig., *De curat. fur.* (27.10). *Si furioso puberi quanquam majori annorum viginti quinque curatorem pater testamento dederit, eum prætor dare debet secutus patris voluntatem : manet enim ea datio curatoris apud prætorem, ut rescripto divi Marci continetur. § 1. His consequens est, ut et si prodigo curatorem dederit pater, voluntatem ejus sequi debeat prætor eumque dare curatorem...*

portant que, si un testateur a nommé un curateur à son fils,
atteint de folie, cette nomination devra être confirmée par le
magistrat, et il ajoute : il faut conclure de là que, si le testateur a nommé un curateur à son fils prodigue, cette nomination devra de même être confirmée. C'est une conséquence
logique : *his consequens est...* Du moment qu'une règle de
droit a été édictée pour la curatelle du fou, elle est applicable
à la curatelle du prodigue.

Si nous recherchons maintenant comment est réglée l'incapacité du prodigue, nous reconnaîtrons que les jurisconsultes
la modèlent expressément sur celle du fou.

Dans la loi 6, Dig., *De verb. obligat.* (1), nous voyons que, si
le prodigue interdit fait une promesse, il ne s'oblige pas, et
que même un fidéjusseur ne pourrait pas intervenir pour lui.
Pourquoi? pour la même raison qui empêche de garantir la
promesse que ferait un fou : *sicut nec pro furioso.* Le prodigue est donc aussi complètement incapable que le fou, du
moins en tant qu'il s'agit pour lui de s'obliger par un contrat.
On s'appuie avec raison sur ce texte pour soutenir qu'il ne
peut pas contracter d'obligations même naturelles ; c'est un
point que nous établirons plus tard.

Le prodigue interdit est comme le fou, il n'a pas de volonté.
Furiosi vel ejus, cui bonis interdictum sit, nulla voluntas est (2).
Cette proposition, que les rédacteurs du Digeste ont extraite
d'un ouvrage de Pomponius et dont ils ont fait une *regula
iuris*, a été particulièrement attaquée; on l'a taxée d'exagé-
ration, d'inexactitude, et on s'est efforcé de démontrer qu'elle
n'avait pas, dans la pensée du jurisconsulte, le sens que paraissent lui avoir donné les compilateurs en l'isolant. Il est
certain qu'elle comporte une très importante restriction : le
prodigue demeure libre d'accomplir les actes qui tendent à
rendre la condition meilleure ; on ne peut donc dire qu'à cet
égard il soit, comme le fou, dépourvu de volonté. Mais, en
ce qui concerne les actes dont l'effet est de rendre la condition
pire, nous ne voyons pas pourquoi la célèbre proposition de

(1) Ulp., lib. 1, *ad Sabinum* : 6, Dig., *De verb. oblig.* (45.1). *Si cui bonis
interdictum est, stipulando sibi adquirit, tradere vero non potest vel promittendo
obligari : et ideo nec fidejussor pro eo intervenire potest, sicut nec pro furioso.*

(2) Pompon., lib. 34, *ad Sabinum* : 40, Dig., *De reg. jur.* (50.17).

Pomponius serait tenue pour suspecte. Elle signifie que l prodigue est considéré, du moins en tant qu'il veut amoindri son patrimoine, comme ne jouissant pas de son bon sens, e que par conséquent son incapacité tient, comme celle du fou à l'absence de volonté raisonnable; d'où résulte qu'il est, dan cette mesure, aussi incapable que le fou lui-même. Nous n'hé sitons pas à reconnaître que les deux incapacités sont d même nature, et nous en concluons notamment que le pro digue ne peut pas plus que le fou agir avec le consentemen du curateur. C'est encore un point dont nous aurons plu tard à compléter la démonstration.

On a prétendu enlever toute portée au texte de Pomponius en le rapprochant d'un autre fragment, emprunté au même ou vrage du même jurisconsulte, le livre 34 du traité *ad Sabinum* et contenant une décision toute spéciale, relative aux travau exécutés par un voisin, qui pouvaient donner lieu à l'exercic de l'*actio pluviæ arcendæ*. Si on a souffert, sans s'y opposer que ces travaux fussent exécutés, on ne pourra pas, dit Pompo nius, intenter l'action, à moins toutefois qu'on ne justifie d'un cause d'erreur : *Si non per errorem aut imperitiam deceptu fuerit : nulla enim voluntas errantis erit* (1). Le jurisconsult réservait aussi, dit-on, le droit d'agir à celui qui, étant inter dit ou fou, ne s'était pas opposé à l'exécution des travaux et il ajoutait : *Furiosi vel ejus cui bonis interdictum sit*, NULL VOLUNTAS EST. C'est cette dernière proposition, d'un sens très restreint, qui, maladroitement détachée du texte et transporté au titre *De regulis juris*, aurait pris les proportions d'un prin cipe général de droit.

Telle est l'ingénieuse hypothèse qu'a proposée Godefroy e qu'ont admise après lui beaucoup d'auteurs (2). Elle n'es nullement démontrée. Sans doute la loi 20, *De aq. et aq. pluv.* est extraite du même ouvrage de Pomponius que notre loi 40

---

(1) Pompon., lib. 14, ad *Quintum Mucium* : 19, Dig., *De aq. et aq. pluv. arc* (39.3). *Labeo ait, si patiente vicino opus faciam, ex quo ei aqua pluvia, nocea non teneri me actione aquæ pluviæ arcendæ. Idem*, lib. 34, ad *Sabinum* : 20 Dig., *eod. tit. Sed hoc ita, si non per errorem aut imperitiam deceptus fuerit nulla enim voluntas errantis est.* V. Burckhard, *Die actio aquæ pluviæ arcendæ* p. 311 et s.

(2) J. Godefroy, *Comment. in tit. de div. regulis juris,* ad 1. 40; Glück,

De regulis juris; mais il faut remarquer que la loi 19, qui donne à la loi 20 sa signification précise, est tirée d'un autre livre, *Ad Quintum Mucium*; aussi n'est-on pas exactement fixé sur le sens que pouvait avoir, dans la pensée du jurisconsulte, le fragment qui est devenu la loi 20. On est parti de cette idée préconçue que l'incapacité du prodigue ne peut s'expliquer, comme celle du fou, par l'absence de volonté, et on a été ainsi conduit à voir, dans la règle de droit attribuée à Pomponius, une généralisation téméraire qui serait, en réalité, imputable à Tribonien. Comme nous partons d'un principe tout contraire, nous n'avons aucune raison de contester le sens du texte; nous y relevons, sans surprise, la formule la plus large d'une idée dont nous avons rencontré déjà maintes applications, et nous l'ajoutons à la série des témoignages que nous avons enregistrés. Mais, en admettant même que, dans l'ouvrage de Pomponius, l'assimilation de la prodigalité avec la folie ne fût énoncée qu'à propos d'une hypothèse toute spéciale, à l'occasion de l'*actio pluviæ arcendæ*, on n'en pourrait rien conclure contre la portée que, sur la foi des textes, nous attribuons à cette assimilation. Il s'agit, suivant nous, d'un principe général; si on veut restreindre la proposition de Pomponius à un cas particulier, il en résulte simplement qu'elle offrait une application de ce principe; et ce qui demeure incontestable, c'est que les rédacteurs du Digeste ont cru pouvoir, en la séparant de l'hypothèse à laquelle on prétend qu'elle se rattachait, l'ériger en règle de droit. En cela, ils n'ont rien fait, croyons-nous, qui ne fût conforme à la doctrine des anciens jurisconsultes, et on ne saurait ici leur adresser ce reproche de généralisation téméraire qu'ils ont, à la vérité, plus d'une fois encouru dans la composition du titre *De regulis juris*. La formule empruntée à Pomponius est trop en harmonie avec l'ensemble des textes pour qu'on puisse refuser d'y voir l'expression du droit classique (1).

Pandect., t. XXXIII, p. 253; Rudörff, *Vormundsch.*, t. I, p. 140, n. 52; Savigny, *Système*, trad. Guenoux, t. III, p. 89; Lenel, *Palingenesia juris*, t. II. — M. Ubbelohde ne paraît pas admettre comme démontrée la conjecture de Godefroy : *Zeitschrift v. Grünhut*, IV, p. 696.

(1) M. Voigt reconnaît qu'il y a dans la proposition de Pomponius plus de vérité qu'on ne le pense généralement, mais seulement si on envisage le très

Il faut ajouter, aux décisions que nous venons de passer en revue, les nombreux passages où la mention du prodigue interdit accompagne celle du fou (1). La fréquence de ce rapprochement est remarquable. A elle seule, sans doute, elle ne suffirait pas à révéler l'importance du rôle qu'a joué, dans la formation de la théorie de l'interdiction, l'analogie de la prodigalité avec la folie; mais elle complète, d'une manière très démonstrative, l'impression qui résulte des décisions expressément fondées sur cette analogie. On voit qu'il s'agit d'un principe que les jurisconsultes avaient toujours présent à l'esprit, lorsqu'ils déterminaient la condition du prodigue.

II. Ce n'est pas seulement dans le Digeste que les prodigues sont représentés comme atteints d'une sorte de folie. On pourrait, dans maints ouvrages étrangers au droit, notamment dans les *Satires* d'Horace (2) ou de Juvé-

ancien droit romain : Die obige darstellung ergiebt dass... die Parömie *furiosi vel ejus cui bonis interdictum est nulla voluntas est*, für die ältere zeit in der That weit mehr Wahrheit enthält, als man ihr einzuräumen gemeinhin geneigt ist. *das jus naturale*, t. IV, p. 125, n. 37. Nous prendrons absolument le contrepied de cette opinion. L'assimilation de la prodigalité avec la folie nous paraît être, pour des raisons que nous exposerons bientôt, un principe du droit nouveau, et, quand nous déterminerons les effets de l'ancienne interdiction, nous tâcherons d'établir, contre M. Voigt, qu'ils n'avaient pas le caractère rigoureux que le savant auteur leur a prêté.

(1) 28, § 1, Dig., *De pact.* (2.14) : *Si curator furiosi aut prodigi pactus sit...* 13, Dig., *De curat. fur.* (27.10) : *Sepe ad alium e lege XII Tabularum curatio furiosi aut prodigi pertinet...* 15, § 1, Dig., *eod. tit.* : *in bonis curatoris privilegium furiosi furiosæve servatur. Prodigus, et omnes omnino, etc.* 7, §§ 11, 12, Dig., *Quib. ex caus. in possess.* (42.4) : *Idemque et in prodigo dicendum est.* 19, § 1, 20, 21, 22, Dig., *De reb. auctor. judic.* (42.5) : *Æquissimum erit ceteros (ceteris?) quoque quibus curatores quasi debilibus vel prodigis dantur, vel surdo, muto, vel fatuo, idem privilegium competere.* 25, Dig., *De fidej. et mand.* (46.1) : *Si quis pro pupillo..., prodigove vel furioso fidejusserit...* Nous n'avons pas, d'ailleurs, la prétention d'épuiser l'énumération des textes où le prodigue se trouve rapproché du fou.

(2) Horace, *Sat.*, II, 3. V. surtout les vers 224-246 :

> *Nunc age luxuriam et Momentanum arrige mecum.*
> *Vincit enim stultos ratio insanire nepotes, etc.*

On cite souvent, à propos de l'incapacité de l'interdit, cet autre passage de la même satire (v. 214-218) :

> *Si quis lectica nitidam gestare amet agnam,*
> *Huic vestem, ut gnatæ, paret, ancillam paret, aurum,*
> *Pupam aut pupillam appellet, fortique marito*

nal (1), relever de nombreux passages où la théorie de la jurisprudence semble confirmée. Nous ne le ferons pas cependant.
On doit préférer, en fait d'arguments la solidité au nombre,
et les citations qu'il serait facile d'accumuler ici, n'auraient
qu'une valeur discutable. Par exemple, lorsque Horace nous
dit :

> *Vincit enim stultos ratio insanire nepotes.*
> Les prodigues sont fous, la raison le démontre,

on peut croire que ce n'est pas un principe de droit, mais une
vérité de sens commun qu'il exprime.

Nous consulterons cependant les *Controverses* de Sénèque
l'ancien et les *Déclamations* de Quintilien; ce sont des discours
d'école, mais qui portent sur des procès simulés, et où se

> *Destinet uxorem, interdicto huic omne adimat jus*
> *Prætor, et ad sanos abeat tutela propinquos.*

Est-ce bien de prodigalité et d'interdiction qu'il s'agit ici? Beaucoup d'auteurs semblent le croire. Accarias, *Précis*, I, 4e édit., p. 434, n. 2 ; Rudorff,
Vormundschaft, I, p. 137, n. 25 ; p. 137, n. 35 ; Pernice, *Labeo*, I, p. 238; Voigt,
Das jus natur., IV, p. 124, n. 36. Ce personnage, qui s'éprend d'amour paternel pour une brebis, la considère comme sa fille, veut la marier et fait
pour elle mille folies, n'est-il pas plutôt un insensé? Est-il nécessaire de
l'interdire? Dans le passage d'où sont extraits les vers que nous avons cités,
Horace veut démontrer qu'Agamemnon était fou; il soutient que le sacri-
fice d'Iphigénie a été un acte de folie, et il raisonne ainsi : on tiendrait pour
insensé celui qui traiterait une brebis comme sa fille; *a fortiori* doit-on croire
qu'il a perdu la raison, celui qui traite sa fille comme une brebis, en la sacri-
fiant aux dieux. C'est donc bien de folie qu'il est ici question. Remarquons
d'ailleurs que les annotateurs d'Horace, Acro et Porphyrius, parlent, à
propos de ces vers, de la curatelle du fou et non de la curatelle du prodigue (V. Voigt, *l. c.*, p. 124, n. 36). Il est vrai que les mots *interdicto
huic omne adimat jus Prætor* paraissent convenir seulement au prodige;
mais il faut reconnaître qu'Horace s'est ici servi de termes inexacts en
droit. La confusion s'explique par l'analogie de la prodigalité avec la
folie, et elle confirme ainsi notre thèse. Le poète commet une autre erreur
quand il parle de *tutela*. Ce sont là des inexactitudes qui n'ont rien de sur-
prenant, mais il ne faut pas s'y laisser tromper, comme on l'a fait parfois.
Voy., notamment, Henriot, *Mœurs juridiques et judiciaires de l'ancienne Rome
d'après les poètes latins*, I, p. 368. « Voilà bien, dit cet auteur, l'interdiction pour cause de démence avec sa conséquence obligée, la mise en tutelle
de l'interdit. » Il y a là, comme dans le passage d'Horace, deux erreurs.
(1) Juvénal, *Sat.*, XI.

trouvent certains renseignements d'ordre juridique. Nous verrons s'y révéler le caractère vraiment pratique de la comparaison familière aux jurisconsultes.

On remarque, dans ces deux recueils d'exercices oratoires, un sujet fréquemment traité : c'est le débat soulevé par la demande d'un fils qui veut faire mettre son père en curatelle, comme fou. Il s'agit de l'*actio dementiæ*, la seule, nous dit Quintilien, qui puisse être dirigée par un fils contre son père : *adversus patrem ne quâ sit actio nisi dementiæ* (1). Or, qu'on lise les développements de rhétorique dont ce genre de sujet forme le thème; on y constatera que l'accusation de démence et celle de prodigalité y sont singulièrement mélangées, et que sous le nom d'*actio dementiæ*, se cache souvent une véritable demande d'interdiction dirigée contre un père prodigue. Cette remarque a été déjà faite au point de vue de la langue (2); elle fournit à la thèse que nous défendons un argument des plus décisifs.

Dans l'une des *Déclamations* de Quintilien (3), un père poursuivi par l'*actio dementiæ*, s'efforce de prouver qu'il n'y a aucune raison de lui donner un curateur, il énumère les causes sur lesquelles une accusation de ce genre pourrait être fondée. Or, parmi elles, à côté de faits qui dénotent réellement la folie, il cite précisément les actes de dilapidation, les désordres par lesquels la prodigalité se manifeste : *dissipata luxuria bona et aliena ætati vitia.*

L'une des *Controverses* de Sénèque (4) est particulièrement probante ; c'est celle où l'on voit en scène un père prodigue, qui s'est laissé entraîner dans une vie de débauche par le mauvais exemple que lui a donné son propre fils. Celui-ci n'entend pas que son père se conduise aussi mal que lui-même et il veut le faire mettre en curatelle. *Quidam luxuriante filio luxuriari cœpit. Accusatur a filio dementiæ.* En réalité, le seul grief du fils, c'est la *luxuria*, c'est-à-dire la prodigalité du père ; les

____

(1) Quintil., *Declam.*, 346; *Inst. orat.*, XI, 1.65.

(2) Voir le *Dictionnaire latin* de Forcellini, *v° Dementia : Dementia speciatim dicitur de iis qui rem seu publicam seu familiarem male administrant ac perdunt.*

(3) Quintil., *Declam.*, 367.

(4) Sénèque, *Controv.*, II, 14, et *excerptae controversiis*, II, 6.

discours prononcés pour ou contre la nomination d'un curateur
ne permettent pas d'en douter, et pourtant c'est l'*actio dementiæ* qui est intentée.

Mais il y a plus. Le père prodigue, qui a eu le tort de prendre son fils pour modèle, soutient qu'un enfant peut bien faire mettre son père en curatelle comme malade, comme fou, mais non comme prodigue (1). Cette thèse est conforme à ce que nous dit Quintilien : *adversus patrem ne qua sit actio, nisi dementiæ*. Pourtant il est certain qu'un fils pouvait solliciter, en cas de prodigalité du père, la nomination d'un curateur; plusieurs textes le démontrent (2). Comment concilier ces données contradictoires? Nous ne voyons qu'un moyen de le faire : c'est de recourir à l'idée d'une assimilation de la prodigalité avec la folie. Un ancien principe, dirons-nous, s'opposait à ce que l'enfant réclamât l'interdiction de son père, et le rhéteur chargé du rôle du père essaye d'en tirer argument; mais ce principe était éludé dans la pratique, grâce à l'emploi de l'*actio dementiæ* : pour obtenir l'interdiction, le fils présentait son père comme fou, et demandait la nomination d'un curateur. Telle est l'explication que nous proposons d'admettre, et nous aurons l'occasion d'en vérifier à d'autres égards l'exactitude (3).

Dans un passage de l'*Institution oratoire* (4), Quintilien parle des ménagements dont il convient d'entourer certaines demandes qui ont par elles-mêmes quelque chose de choquant, et à ce sujet il conseille au fils, réclamant pour son père la nomination d'un curateur, de gémir sur l'état de maladie qui rend cette mesure nécessaire. *Qui curationem bonorum patris postulabit, doleat ejus valetudine.* La demande dont il s'agit ici a-t-elle pour cause la folie? Quintilien ne le dit pas, et nous inclinons plutôt à croire qu'il prévoit le cas, particulièrement

---

(1) *L. c. : minime solere patri objici luxuriam, non magis quam avaritiam, quam iracundiam. Non vitia patris accusare solere, sed morbum; et si possit aliquid præter dementiam objici patri, luxuria non possit.*

(2) Val. Max., VIII, 6. Quintil., *Inst. orat.*, XI, 1, 3. C. *De cur. fur.* (5.70). V. Rudorff, *Vormundschaft*, I, p. 417.

(3) Nous faisons spécialement allusion à la question de savoir si le fils peut être appelé à la curatelle de son père prodigue. 12, § 1, Dig.; *De tut. et cur. dat.* (26.5). I, § 1, Dig.; *De cur. fur.* (27.10).

(4) Quintilien, *Instit. orat.*, XI, 1.

délicat, d'un père prodigue à qui son propre fils veut faire nommer un curateur. Si ce passage doit être ainsi entendu, il contient une allusion au procédé que, suivant nous, on employait en pareille circonstance, pour obtenir, sous prétexte de folie, la nomination d'un curateur.

' III. Les nombreux témoignages que nous avons rassemblés nous paraissent tout à fait concluants, et nous ne voyons pas comment l'autorité en pourrait être contestée. Pourtant, l'opinion générale n'en tient nul compte. Elle leur oppose un texte unique, un fragment d'Ulpien, où le prodigue est rapproché du pupille, et qui seul exprimerait le véritable principe admis, en matière d'interdiction, par la jurisprudence romaine : c'est la loi 9, § 7, Dig., *de rebus creditis* (12.1), ainsi conçue : *Sed et si ei numeravero, cui postea bonis interdictum est, mox ab eo stipuler, puto pupillo eum comparandum, quoniam et stipulando sibi adquirit* (1).

Je pense, dit le jurisconsulte, que le prodigue doit être comparé au pupille, puisqu'il peut, comme lui, devenir créancier en stipulant. Voilà, dit-on, le seul rapprochement qui soit véritablement exact. C'est au pupille et non au fou que ressemble le prodigue interdit. Le fou est absolument incapable de faire aucun acte. Le pupille, au contraire, a une certaine capacité ; sorti de l'*infantia*, il peut faire les actes qui rendent sa condition meilleure ; devenu *pubertati proximus*, il peut s'obliger par ses délits. Or, le prodigue peut, lui aussi, faire les actes qui rendent la condition meilleure ; il s'oblige, lui aussi, par ses délits.

Que ces décisions soient exactes, nous ne songeons évidemment pas à le contester. Mais est-il permis d'en conclure que,

---

(1) Nous ne connaissons qu'un autre texte, la loi 25, Dig., *De fidej. et nomin.* (46.1), où le prodigue soit rapproché du pupille ; encore y figurent-ils l'un et l'autre à côté du fou, et il est très difficile d'expliquer que la solution de cette loi puisse convenir à ces trois sortes d'incapables : nous reviendrons plus tard sur ce texte, et nous verrons qu'il a été vraisemblablement altéré par les compilateurs. — On pourrait encore, pour ne rien omettre, relever ce passage de Dion Cassius, LVII, 23 : Βουλευτῇ τινι ἀσελγῶς ζῶντι ἐπίτροπον, ὥσπερ τινὶ ὀρφανῷ, προσέταξε. Il s'agit d'un sénateur qui menait une vie désordonnée et à qui on a donné un tuteur, comme à un pupille : ἐπιτροπον ὥσπερ τινὶ ὀρφανῷ. Sous la plume de l'historien, cette comparaison n'a évidemment aucune portée juridique précise, et on ne peut en tirer un argument.

pour régler la condition du prodigue, les jurisconsultes aient pris pour modèle l'incapacité du pupille, et non celle du fou? Nous ne le croyons pas.

Si le texte sur lequel on s'appuie devait être ainsi compris, il serait en contradiction avec d'autres textes très nombreux, très décisifs, et la raison de cette antinomie ne serait pas facile à trouver. On n'en fournit d'ailleurs aucune. On invoque l'autorité d'Ulpien pour montrer qu'en principe le prodigue est comparable au pupille; or, nous avons vu le même Ulpien assimiler catégoriquement l'incapacité du prodigue à celle du fou. Se donnerait-il donc à lui-même un démenti? Il y a là une difficulté qu'on ne résoud pas, et qui ne peut pas être résolue dans la doctrine courante. On se contente de faire abstraction de tous les textes où est exprimée l'idée d'une assimilation de la prodigalité avec la folie. Nous croyons, au contraire, qu'ils renferment la véritable théorie de la jurisprudence, et nous montrerons qu'en réalité le fragment d'Ulpien qu'on leur oppose ne les contredit en rien.

IV. Comment soutenir, dit-on, que la capacité du prodigue est semblable à celle du fou, alors que le prodigue est capable d'acquérir, de devenir créancier, de s'obliger par ses délits? Telle est la raison capitale qui a conduit les interprètes à refuser d'admettre l'exactitude du point de vue auquel il est pourtant incontestable que les jurisconsultes romains se sont placés. Cette raison n'est que spécieuse; nous allons essayer de le prouver. On conçoit parfaitement que la jurisprudence ait comparé le prodigue à un fou et qu'elle ait fondé son incapacité sur cette appréciation de son état mental, tout en lui conférant le droit de faire certains actes.

Si la prodigalité est une sorte de folie, elle n'implique pourtant pas la perte totale des facultés et les prudents n'y ont vu qu'une lésion partielle de l'intelligence et de la volonté; aussi ont-ils pensé que l'incapacité du prodigue devait, comme sa folie, être limitée.

D'abord, on comprend très bien que, tout en considérant le prodigue comme un fou, ils lui aient permis de rendre sa condition meilleure. C'est seulement par les actes tendant à la destruction du patrimoine que se manifeste l'intérêt déraisonnable qui porte à dépenser sans mesure; ce sont seulement ces actes que le prodigue doit être incapable d'accomplir. Il n'y a aucun motif de le réputer fou, lorsqu'il accroît sa fortune, et, à ce point de vue, sa capacité doit rester entière.

Quant aux délits qu'il peut commettre, on ne saurait poser en principe qu'ils ont pour cause ce besoin de dépenser qui, poussé à un certain degré, devient une sorte de folie. Il peut se faire à la vérité qu'ils en soient la conséquence, plus ou moins directe; mais la jurisprudence n'a pas voulu les y rattacher; elle n'a pas voulu que leur auteur pût, en s'abritant derrière une fiction de folie, échapper de ce chef à toute responsabilité. On comprend qu'elle ne l'ait pas protégé contre les conséquences de tels actes, comme elle le protégeait contre l'effet d'une aliénation ou d'un contrat. Il n'eût pas été équitable d'enlever à la victime du délit tout droit à une réparation. En pareil cas, l'intérêt des tiers est évidemment plus digne d'être pris en considération que lorsqu'il s'agit de personnes qui ont volontairement traité avec un incapable. Ces raisons suffisent à nous expliquer que le prodigue soit réputé fou, lorsqu'il fait une promesse ou un acte d'aliénation, et sain d'esprit lorsqu'il commet un délit (1).

Ainsi, pour rendre compte de la demi-capacité que l'interdiction laissait subsister, il n'est nullement nécessaire de recourir à cette hypothèse, démentie par une foule de témoignages, que la condition de l'interdit aurait été réglée d'après les mêmes principes que celle du pupille. On peut et on doit s'en tenir à la fiction de folie sur laquelle les jurisconsultes sont unanimes à faire reposer l'incapacité du prodigue : le caractère relatif de cette fiction suffit à tout expliquer.

V. L'idée d'une folie partielle, limitée à certains actes, n'a rien en soi que de très rationnel, et il nous semble que les aliénistes de nos jours ne la désavoueraient pas; mais est-elle

____

(1) Au reste, il est permis de croire qu'à l'origine il n'y avait, relativement aux obligations qui pouvaient résulter d'un délit, aucune différence entre les prodigues et les fous. On admettait que les fous eux-mêmes s'obligeaient par leurs délits. C'est là une ancienne doctrine, dont on trouve encore quelque vestige dans les écrits des jurisconsultes classiques. Elle fut abandonnée dans le cas de folie; mais on continua, pour les raisons que nous avons indiquées, d'en faire l'application aux prodigues. Ulp., 5, § 2, Dig., *Ad leg. Aquil.* (9.2). V. Pernice, *Labeo*, I, p. 238-239. Ihering, *De la faute en droit privé*, trad. Meulenaere.

vraiment romaine? Peut-être émettra-t-on des doutes sur ce
point. Nous voudrions les dissiper.

Le rescrit d'Antonin le Pieux (1), que nous avons déjà cité,
représente les prodigues comme des fous, mais seulement
pour ce qui concerne leur patrimoine : *quod ab bona ipsorum
pertinet, furiosum faciunt exitum*. A les entendre discourir,
on pourrait croire qu'ils jouissent de leur bon sens : *mentis
suæ videbuntur ex sermonibus compotes esse*, et en effet ils
n'ont d'autre folie que celle qui les porte à se ruiner. On le
voit : d'après l'auteur du rescrit, la folie du prodigue est une
folie toute relative.

C'est le caractère que lui reconnaissent très manifestement
aussi les jurisconsultes, dans les textes où nous les voyons,
tout à la fois, comparer les prodigues à des fous et restreindre
leur incapacité à certains actes. Il est à remarquer en effet
que la comparaison de la prodigalité avec la folie se rencontre
même dans les textes où est énoncée la distinction des actes
que le prodigue peut accomplir et de ceux qui lui sont interdits. Reportons-nous à la loi 6, au Dig., *De Verbor. Obligat.*
(45.1) : nous y lisons que le prodigue peut acquérir, qu'il
peut devenir créancier, mais qu'il ne peut s'obliger par contrat
et qu'on ne peut pas se porter fidéjusseur pour lui, *sicut nec
pro furioso*. Cela revient à dire que le prodigue est traité
comme un fou, mais seulement quand il veut s'obliger ; d'où
résulte que toute fiction de folie disparaît quand il s'agit de
réaliser une acquisition. Or telle est précisément, suivant
nous, l'idée qui a servi de base à la théorie de la jurisprudence.

Cette idée n'est nullement, quoi qu'on puisse prétendre, en
contradiction avec les principes qui régissent l'incapacité du fou.
On sait que, lorsque la folie comporte des intervalles lucides,
le fou perd la capacité ou la recouvre, suivant les fluctuations
de son intelligence ; pour savoir si les actes auxquels il a pris
part sont valables ou nuls, on recherche s'ils ont été faits dans
un moment de lucidité. Le prodigue est dans une situation
tout à fait semblable. Il est sous l'empire de la folie, toutes
les fois qu'il s'agit d'actes auxquels son penchant l'entraîne ;

____

(1) 12, § 2, Dig., *De tut. et cur. dat.* (26.5).

mais, en toute autre circonstance, il jouit de la plénitude de sa raison. Qu'on ne s'étonne donc pas qu'il soit tantôt capable et tantôt incapable : telle est aussi la condition du *furiosus*. La seule particularité qu'offre le prodigue, c'est qu'à raison du genre d'aliénation mentale dont il est réputé atteint, on peut déterminer d'avance les actes pour lesquels il est en état de démence et ceux pour lesquels il est au contraire sain d'esprit.

L'explication que nous proposons entraîne des conséquences pratiques très importantes. Elle nous oblige à reconnaître que, dans la mesure où le prodigue est réputé fou, il est atteint d'une incapacité aussi complète que celle d'un véritable fou; qu'il ne peut pas s'obliger même naturellement; qu'il ne peut pas faire, même avec le consentement de son curateur, les actes qui lui sont interdits. L'opinion généralement reçue conduit à des résultats diamétralement opposés : si le prodigue est assimilé au pupille, on doit en conclure qu'il peut s'obliger naturellement, et aussi qu'il peut faire avec le consentement de son curateur les actes qu'il est permis au pupille de faire avec l'*auctoritas tutoris*. C'est en effet ce que la plupart des auteurs décident. Or, ces conclusions sont en désaccord avec les textes. Nous avons cité plusieurs fragments du Digeste qui, sur les deux points que nous venons d'indiquer, imposent une solution conforme à l'assimilation du prodigue avec le fou, et, quand nous essaierons de déterminer les effets de l'interdiction, nous justifierons plus amplement cette solution.

Quant au texte unique sur lequel on se fonde pour la combattre, il nous est facile maintenant de montrer qu'il ne la contredit en rien. Ulpien constate que le prodigue et le pupille peuvent, l'un aussi bien que l'autre, devenir créanciers en stipulant. C'est là une proposition parfaitement exacte; mais on lui donne une portée qu'elle n'a pas, lorsqu'on en conclut que, d'une manière générale, l'incapacité du prodigue et celle du pupille sont régies par les mêmes principes. Cette généralisation seule est contraire à la thèse que nous soutenons; or elle a été imaginée par les interprètes, elle est absolument étrangère au texte. Ulpien se contente de relever un trait commun aux deux sortes d'incapables qu'il compare. C'est, de sa part, une remarque toute personnelle, et il a soin de la présenter comme telle : *puto pupillo eum comparandum.* Il ne fait pas la moindre allusion à un prétendu principe, qui serait en contradiction avec la doctrine qu'il a lui-même, avec beaucoup d'autres jurisconsultes, très formellement exprimée.

V.

L'assimilation de la prodigalité avec la folie remonte à l'institution de la curatelle dative; elle est le principe fondamental du nouveau système d'interdiction. — I. Première démonstration tirée des caractères distinctifs que les deux systèmes d'interdiction nous ont paru présenter. — II. Critique de l'opinion qui fait remonter à la loi des Douze-Tables l'assimilation de la prodigalité avec la folie. — III. Textes d'où il résulte que cette assimilation n'avait qu'une portée restreinte aux prodigues mis en curatelle par le magistrat. — IV. Double terminologie usitée en matière d'interdiction (IS CUI LEGE BONIS INTERDICTUM EST, IS CUI BONIS INTERDICTUM EST), et classification des textes d'après cette terminologie. — V. Double raison donnée par les jurisconsultes pour expliquer l'incapacité de l'interdit (absence du COMMERCIUM, et comparaison du prodigue avec un FURIOSUS). Classification des textes d'après cette dualité de motifs. Cette classification se rapporte exactement à la précédente. — VI. Pourquoi il est rationnellement nécessaire d'admettre que l'assimilation de la prodigalité avec la folie a été un moyen de jurisprudence, ayant pour but de compléter le système de la loi. Rapprochement de cette théorie avec la fiction de folie sur laquelle la jurisprudence a fondé la QUERELA INOFFICIOSI TESTAMENTI. — VII. Raisons de penser que la comparaison de la prodigalité avec la folie a été empruntée à la philosophie grecque et au droit d'Athènes. Rapprochement entre le droit romain et le droit attique, dans la matière de l'interdiction et dans celle des testaments inofficieux. — VIII. Conjectures sur l'époque à laquelle le nouveau système d'interdiction a été introduit.

Le principe dont nous venons d'établir l'importance fondamentale a joué, dans l'histoire de l'interdiction, un rôle que nous devons maintenant préciser. Il n'était pas admis dans l'ancien droit, et la loi des Douze-Tables ne l'a pas connu; mais il s'est introduit en même temps que le nouveau système d'interdiction, créé par la jurisprudence, et essentiellement uni à l'organisation de la curatelle dative. C'est ce qu'il s'agit de démontrer.

I. On reconnaîtra tout d'abord que cette thèse se déduit logiquement des résultats auxquels nous sommes jusqu'à présent parvenus, si bien qu'elle pourrait, semble-t-il, se [passer de toute autre démonstration. L'idée générale des deux systèmes d'interdiction, que nous avons puisée dans le décret traditionnel, comparé à la théorie du Digeste, suffit à nous permettre d'affirmer que l'assimilation de la prodigalité avec la folie est restée étrangère au système de l'ancienne loi, et qu'elle appartient en propre à celui de la jurisprudence.

Rien n'est plus dissemblable que l'interdiction dont les règles essentielles nous ont été révélées par les termes de l'ancien décret, et le régime d'incapacité organisé pour la protection du fou. Il suffit, pour nous en convaincre, de rappeler les points principaux que nous avons dégagés : un décret devait être rendu pour que le prodigue devînt incapable, et il ne pouvait l'être que si le prodigue dissipait les biens paternels; une fois prononcé, il avait des effets limités à ce genre de biens; enfin il emportait déchéance du *commercium*. On peut dire que, sur tous ces points, le fou n'offrait aucun trait de ressemblance avec l'interdit : il était incapable par cela seul qu'il était privé de raison, sans que le magistrat eût à prononcer contre lui aucune sentence; il devait recevoir des curateurs, sans qu'il y eût à rechercher s'il avait recueilli la succession paternelle; son incapacité n'était pas restreinte à certains biens; elle n'impliquait, à proprement parler, aucune déchéance du *commercium*, mais elle n'était autre chose que l'impossibilité d'agir qui résultait naturellement de l'absence de volonté. Entre la condition du fou et celle d'un prodigue atteint par le décret traditionnel d'interdiction, nous n'apercevons que des contrastes.

C'est dans le nouveau système d'interdiction que se manifeste la similitude de la prodigalité et de la folie. La condition du fou est restée la même, mais celle du prodigue s'en est rapprochée. Les différences essentielles qui séparaient ces deux sortes d'incapables, ont disparu. Il n'y a plus, à vrai dire, de décret d'interdiction; le magistrat constate seulement le fait de la prodigalité, et nomme un curateur. Il n'y a plus aucune distinction tirée de la provenance des biens; aucune déchéance du *commercium* n'est plus encourue. L'interdit est incapable, comme le fou, parce qu'il n'a pas de volonté : *nulla voluntas est*.

Si on consent à caractériser, comme nous l'avons fait, les

deux systèmes d'interdiction, on reconnaîtra sans hésiter que le second seul repose sur l'assimilation de la prodigalité avec la folie. Mais cette démonstration ne paraîtra probante qu'à ceux que nous aurions déjà convaincus ; les autres ne la jugeront pas suffisante, et nous ne nous en contenterons pas non plus. L'origine que nous proposons d'assigner à la comparaison de la prodigalité avec la folie a d'autant plus besoin d'être solidement établie qu'elle s'écarte davantage de la doctrine générale.

II. La plupart des auteurs nient l'intérêt pratique de cette célèbre comparaison, et cependant l'avis commun est qu'elle date d'une époque très ancienne. On la fait volontiers remonter au temps primitif où fut instituée pour la première fois la curatelle du prodigue, ou tout au moins à la loi des Douze-Tables. De savants auteurs sont partis de cette hypothèse pour restituer le texte de l'ancienne loi. Nous avons vu les uns soutenir que la curatelle légitime du prodigue avait pour unique fondement le texte relatif à la curatelle du fou, et les autres reconnaître que la loi consacrait expressément les deux curatelles, mais par une seule disposition où le prodigue et le fou se trouvaient rapprochés (1). Parmi les auteurs qui ont accordé à la comparaison de la prodigalité et de la folie le plus de portée pratique, MM. Voigt (2) et Pernice (3) pensent qu'à l'origine elle a été le fondement de l'incapacité du prodigue, et que la jurisprudence tendit précisément à faire disparaître les conséquences trop rigoureuses d'une telle assimilation.

Ce sont là des conjectures dénuées de preuve. On ne peut citer aucun document qui établisse quelque rapport entre la comparaison de la prodigalité avec la folie et le droit ancien, et nous avons déjà montré, à propos de la loi des Douze-Tables, pourquoi les tentatives de restitution qui se sont inspirées de ce prétendu rapport ne sauraient être approuvées. Il est bien certain qu'elles ne fournissent contre nous aucun argument, et qu'on ne pourrait nous les opposer sans commettre une pétition de principe.

(1) *Supra*, p. 3, 4.
(2) Voigt, *das jus natur.*, IV, p. 125, n. 37.
(3) Pernice, *Labeo*, I, p. 237, 238.

Ce qu'il faut consulter, ce n'est pas le texte problématique des Douze-Tables, ce sont les documents qui nous sont réellement parvenus ; or, ils nous semblent tout à fait décisifs.

III. Le témoignage d'Ulpien, dans la loi que nous avons traduite et commentée, est formel ; il ne laisse place à aucun doute. *Sed solent hodie prætores vel præsides..... curatorem ei dare exemplo furiosi.* Les curateurs donnés au prodigue *exemplo furiosi* sont ceux que nomment les préteurs ou les gouverneurs de province. Quant aux prodigues interdits par application de la loi, Ulpien a commencé par en parler, mais en se gardant de les comparer au *furiosus*. Il fait, comme nous l'avons montré, une antithèse très nette entre les deux catégories d'interdits, et n'applique l'idée d'une assimilation des prodigues avec les fous qu'à ceux qui sont pourvus de curateurs par le magistrat.

Il tire de cette assimilation deux conséquences pratiques que nous avons déjà signalées ; or, on doit reconnaître, contrairement à l'opinion générale, qu'elles concernent exclusivement l'hypothèse d'une curatelle dative. D'après le texte même, elles ne sauraient avoir d'autre portée, et c'est arbitrairement, par une véritable erreur de traduction, qu'on a coutume de les généraliser. Examinons-les encore, en nous plaçant à ce point de vue, et nous verrons qu'en dehors même de l'irréfutable argument fondé sur le texte, il y a des raisons particulières d'affirmer qu'elles ne sont, ni l'une ni l'autre, applicables aux prodigues interdits par application de la loi des Douze-Tables.

De ce que les prodigues reçoivent, *exemplo furiosi*, des curateurs nommés par le magistrat, Ulpien conclut d'abord qu'ils cessent d'être en curatelle dès qu'ils reviennent à des mœurs régulières. Cette première décision vise expressément ceux que le préteur assimile à des fous et qu'il pourvoit de curateurs. Elle s'explique très bien en ce qui les concerne ; mais elle serait bien difficile à justifier, s'il fallait l'appliquer à ceux qu'un véritable décret d'interdiction a frappés. On ne comprendrait pas que l'effet de la défense solennellement prononcée par le magistrat (*ea re commercioque interdico*) pût disparaître sans qu'un nouveau décret eût été rendu en sens contraire. Cette raison a déterminé beaucoup d'auteurs à décider, d'une manière générale, que le magistrat devait intervenir pour mettre fin à la curatelle du prodigue. Elle nous oblige, il est vrai, à reconnaître qu'il en était ainsi pour les prodigues que le décret traditionnel avait atteints; mais elle ne saurait en aucune façon nous permettre de révoquer en doute ce qu'Ulpien dit des prodigues soumis à la curatelle dative (1).

La seconde décision d'Ulpien concerne le fils du prodigue, appelé à la curatelle de son père. Or, la curatelle qu'elle prévoit est certainement dative. Il a été admis par Antonin le Pieux qu'un fou pourrait avoir pour curateur son propre fils, et ce rescrit a été étendu au prodigue par voie de conséquence; mais c'est seulement la curatelle dative que le principe nouveau permettait de déférer à l'enfant, il ne lui attribuait en aucun cas la curatelle légitime. C'est un point sur lequel nous aurons l'occasion de revenir et qui est hors de doute (2).

Nous avons rapproché de l'importante loi d'Ulpien, sur laquelle s'appuie principalement notre thèse, de nombreux textes, où l'analogie de la prodigalité et de la folie sert de base aux décisions des Prudents. Or il résulte bien de certains d'entre eux que ces décisions s'appliquent exclusivement à la curatelle dative.

Ainsi, le rescrit d'Antonin le Pieux (3) où les prodigues sont présentés comme des insensés que l'autorité sociale a le devoir de secourir, conclut de là qu'il faut leur choisir des curateurs : *eligendus itaque erit*. Ces mots font certainement allusion à un curateur nommé par le magistrat, et d'ailleurs le sens du rescrit est précisé par la place que lui ont donnée les rédacteurs du Digeste, sous cette rubrique : *de tutoribus et curatoribus datis ab his qui jus dandi habent*.

Il faut en dire autant de cet autre passage (4), où le jurisconsulte Tryphoninus cite un rescrit de Marc Aurèle, concernant

---

(1) On voit que, pour résoudre la controverse qui divise les auteurs relativement à la cessation de la curatelle du prodigue, nous proposerons de distinguer entre les deux systèmes d'interdiction. Cette question sera traitée plus loin avec détail.

(2) 12, § 1, Dig., *De tut. et cur. dat.* (26.5); 1, § 1, Dig., *De cur. fur.* (27.10).

(3) 12, § 2, Dig., *De tut. et cur. dat.* (26.5).

(4) 16, Dig., *De cur. fur.* (27.10).

le fou à qui son père a nommé un curateur par testament, et ordonnant au magistrat de confirmer cette nomination. On se rappelle que Tryphoninus applique cette règle, par voie de conséquence, au cas où il s'agit d'un prodigue. Or, en pareille hypothèse, il s'agit incontestablement d'une curatelle dative : dans la théorie de la confirmation des tuteurs et curateurs désignés dans un testament, c'est un principe que ces tuteurs et curateurs tiennent leurs pouvoirs du magistrat (1).

Il reste un certain nombre de textes où le prodigue est comparé au fou et qui paraissent avoir une portée générale, par exemple la loi 6, Dig., *De verb. oblig.*, la loi 40, Dig., *De reg. juris*, etc. Nous ne contestons pas que, dans le droit du Digeste, ces textes ne soient applicables, sans distinction à tous les prodigues interdits (2); mais il ne s'ensuit pas que, dans les ouvrages auxquels ils ont été empruntés, ils eussent une étendue d'application aussi large, et nous croyons pouvoir démontrer qu'en réalité ils étaient étrangers à l'ancien système d'interdiction.

IV. Qu'on veuille bien observer la variété des expressions employées par les jurisconsultes pour désigner les prodigues interdits. La terminologie adoptée en cette matière n'a pas été assez remarquée. Elle va nous prouver que certains textes, auxquels on a coutume de donner une portée générale, visent seulement certaines catégories d'interdits.

Dans divers passages, peu nombreux, que nous allons citer, il est expressément rappelé que l'interdiction est prononcée en vertu de la loi, les mots *is cui* LEGE *bonis interdicitur, interdictum est*, servent à désigner l'interdit.

Ulp., lib. 1, *ad sabin.*, 1 pr. Dig., *De curat. fur.* (27.10). LEGE DUODECIM TABULARUM *prodigo interdicitur...*

Ulp., lib. 1, *ad sabin.*, 18 pr. Dig., *Qui testam.* (28.1). *Is cui* LEGE *bonis interdictum est, testamentum facere non potest.*

Ulp., lib. 1, *ad sabin.*, 5, § 1, Dig., *De adq. vel om. her.* (29. 2). *Eum cui* LEGE *bonis interdicitur, heredem institutum posse adire hereditatem constat.*

---

(1) V. Accarias, *Précis*, I, 4e édit., p. 332 et s., p. 451, n. 1.

(2) Nous soutiendrons d'ailleurs qu'à cette époque il n'y a plus que des prodigues mis en curatelle par le magistrat.

Ulp., *Reg.*, XX, 13. *Mutus, surdus, furiosus, itemque prodigus cui* LEGE *bonis interdictum est, testamentum facere non
potest.*

Ulp., *Reg.*, XII. LEX DUODECIM TABULARUM *furiosum itemque
prodigum cui bonis interdictum est, in curatione jubet esse
agnatorum.*

Il faut rapprocher de ces textes le célèbre passage des *Sentences* de Paul où est contenu le décret d'interdiction. L'interdiction y est fondée sur la coutume : MORIBUS *per prætorem
bonis interdicitur hoc modo...,* et on remarquera la rubrique
de eo cui MORIBUS *interdicitur,* qui, dans un grand nombre de
manuscrits, précède ce paragraphe (1).

Le plus souvent, la dénomination donnée au prodigue interdit n'indique pas qu'il ait été frappé conformément à la loi.
On l'appelle *is cui bonis interdictum est* (2), *is cui per prætorem
bonis interdictum est* (3), *is cui a prætore curatore dato bonis
interdictum est* (4) ou plus brièvement *prodigus* (5), *luxuriosus
atque prodigus* (6).

Il est certain que dans le droit de Justinien ces expressions
diverses n'impliquent aucune différence de condition juridique
chez les interdits ; mais il nous paraît impossible que, dans le
langage des jurisconsultes classiques, elles n'aient pas eu un
sens plus précis.

Lorsqu'un jurisconsulte tel qu'Ulpien parlait de prodigues
interdits *lege,* il est impossible qu'il entendît désigner par là
tous les prodigues sans exception, même ceux qui étaient interdits en dehors des conditions prescrites par la loi. Cette
expression ne convenait évidemment qu'aux prodigues interdits par application de la loi. Il est donc nécessaire d'admettre

____

(1) Il est vrai que l'authenticité des rubriques, dans les *Sentences* de Paul,
n'est pas sûre. V. Karlowa, *Röm. Rechtsg.*, p. 774 ; Krüger, *Gesch. der Quel.* ;
Girard, *Textes de droit romain*, p. 296.

(2) 1, § 1, Dig., *De cur. fur.* (27.10) ; 9, § 7, Dig., *De reb. cred.* (12.1) ; 6,
Dig., *De verb. oblig.* (45.1) ; 1, Dig., *De nov. et de leg.* (46.2) ; 18, §§ 2, 3, Dig.,
De castr. pec. (49.17), etc.

(3) 10, Dig., *De curat. fur.* (27.10).

(4) 3, C. Just., *De in integr. restit.* (2.22).

(5) Gaius, 1, 53 ; Paul, *Sent.*, III, 4a ; 12, 13, 15, 16, Dig., *De curat. fur.*
(27.10) ; 7, § 12, Dig., *Quib. ex caus. in poss.* (42.4).

(6) 2, 11, § 1, Dig., *De dol. mal.* (4.3) ; 8, Dig., *Pro empt.* (41.4).

que les textes où les prodigues sont ainsi qualifiés se référaient exclusivement à l'ancien système d'interdiction.

De même, dans les *Sentences* de Paul, lorsqu'il est parlé de prodigues interdits *moribus*, on doit croire qu'il s'agit de prodigues frappés par le décret d'interdiction, conformément à cette ancienne coutume que la loi des Douze-Tables consacra. Nous avons déjà montré comment il se fait qu'Ulpien fonde l'interdiction sur la loi et que Paul fasse dériver de la coutume le décret rendu par le préteur (1).

Si l'on concède que les expressions *in cui* LEGE *bonis interdicitur*, *is cui* MORIBUS *interdicitur*, doivent être prises dans un sens étroit, on est amené à reconnaître que les mots *is cui bonis interdictum est* leur font antithèse et doivent avoir, eux aussi, une signification restreinte.

Voici un texte où l'on ne peut nier qu'il ne soit exclusivement question des prodigues mis en curatelle par le magistrat : c'est un rescrit de Dioclétien et de Maximien, où les mineurs qui ont des curateurs sont rapprochés des prodigues (2). Les auteurs du rescrit ne comparent pas d'une façon générale le mineur à l'interdit : ils le comparent seulement à celui qui a été mis en curatelle par le magistrat : *cui a prætore curatore dato bonis interdictum est*. Cela nous paraît très digne de remarque. N'en résulte-t-il pas en effet que les prodigues soumis à une curatelle dative, les seuls auxquels les mineurs de vingt-cinq ans pourvus de curateurs pussent être comparés, constituaient une catégorie d'incapables, régie par des principes particuliers?

Cette catégorie d'incapables est seule visée, suivant nous, toutes les fois qu'il est question de prodigues interdits *per prætorem* ou simplement de prodigues interdits (*is cui bonis interdictum est*). Cette expression semble au premier abord aussi générale que possible; mais l'omission du mot *lege* donnait suffisamment à entendre qu'il ne s'agissait pas de prodi-

---

(1) *Supra*, p. 7.

(2) Cod. Just., *De in integr. restit.* (2.22). *Impp. Dioclet. et Maxim. AA. et CC. Attiano. Si curatorem habens minor quinque et viginti annis post pupillarem ætatem res vendidisti, hunc contractum servari non oportet : cum non absimilis ei habeatur minor curatorem habens cui a prætore curatore dato bonis interdictum est.*

gues interdits par application de la loi. Nous verrons qu'à l'époque classique l'interdiction fondée sur les Douze-Tables perdait de plus en plus du terrain, et que le système nouveau, lié à l'organisation de la curatelle dative, tendait à se généraliser dans la pratique; aussi n'y a-t-il pas à s'étonner que les jurisconsultes fissent allusion à ce système, lorsqu'ils parlaient, sans spécifier davantage, de prodigues ou d'interdits.

En somme, nous proposons de diviser nos textes en deux classes, suivant qu'il traitent de prodigues interdits *lege* ou simplement d'interdits, et d'admettre que les uns se rattachent à l'ancienne théorie dont le décret d'interdiction nous a fourni les traits les plus essentiels, les autres au nouveau régime que la jurisprudence organisa. L'étude des décisions qu'ils renferment, nous prouvera que ce n'est pas là une hypothèse sans fondement.

V. Jetons sur l'ensemble de ces textes un coup d'œil général. Nous y rencontrerons les deux idées qui, suivant nous, ont servi de base à deux systèmes d'interdiction différents, et nous nous convaincrons que chacune d'elles se rapporte, d'après la terminologie même des jurisconsultes, à l'un seulement de ces deux systèmes.

Le prodigue est incapable parce qu'il est privé du *commercium*. Cette première idée n'est, à notre sens, admissible que pour les prodigues interdits *lege*, seuls atteints par les termes du décret : *ea re commercioque interdico*. Nous ne la trouvons formulée qu'une seule fois, dans un passage d'Ulpien, où sont énumérées les personnes incapables de tester, et qui n'a pas passé par les mains des compilateurs. Or Ulpien suppose précisément, dans ce texte, que l'interdiction a été prononcée *lege* (1).

______

(1) Ulp., XX, 13. *Mutus, surdus, furiosus itemque* prodigus cui lege bonis interdictum est, *testamentum facere non possunt :* ..... *prodigus,* quoniam commercio illi interdictum est, *et ob id familiam mancipare non potest.* Ce qui est enlevé au prodigue simplement interdit, ce n'est pas le *commercium;* c'est, suivant une expression de Julien, la *diminutio,* le droit d'amoindrir son patrimoine. 10 pr., Dig., *De curat. fur.* (27.10) : *Julianus scribit eos* quibus per prætorem bonis interdictum est, *nihil transferre posse ad aliquem, quia in bonis non habeant,* cum eis deminutio sit interdicta. On voit, en comparant ces deux textes, qu'ils ne parlent pas de la même espèce d'interdits, et qu'ils n'expliquent pas de la même manière l'incapacité de tester ou d'aliéner.

Le prodigue est incapable parce qu'il est comparable à un fou. C'est là une idée qui n'a nul rapport avec la précédente, et qui s'applique, suivant nous, à une autre sorte de prodigues, aux prodigues simplement interdits. Or on constate que, des nombreux passages où elle est exprimée, aucun ne fait allusion à l'hypothèse d'une interdiction prononcée *lege* (1), mais que tous, sans aucune exception, se réfèrent simplement au prodigue ou à l'interdit. Ainsi le langage des jurisconsultes est parfaitement d'accord, avec la distinction que nous proposons d'admettre. Nous ne pouvons croire qu'il y ait là une coïncidence toute fortuite. Le hasard nous aurait, il faut l'avouer, merveilleusement servi, s'il avait voulu que la raison sur laquelle nous faisons reposer l'incapacité des prodigues interdits *lege* ne se rencontrât jamais en dehors du cas où les prodigues sont ainsi qualifiés, et s'il avait aussi voulu, d'autre part, que l'idée où nous voyons le fondement de l'incapacité des prodigues simplement interdits, ne fût jamais exprimée que dans les passages où il est précisément question de ces prodigues. La diversité des motifs par lesquels les jurisconsultes expliquent les effets de l'interdiction cadre le mieux du monde avec la diversité des expressions qu'ils emploient, et on doit y voir la preuve d'une exacte corrélation entre les deux systèmes d'interdiction et les deux catégories de textes que nous distinguons.

Pour compléter cette démonstration, il faudrait examiner en elles-mêmes les décisions des Prudents, classées d'après le mode de groupement que nous avons adopté, et les comparer entre elles ; on verrait ainsi s'il n'est pas vrai que, dans chacune des deux catégories de textes, se retrouvent les caractères distinctifs du système d'interdiction qui, suivant nous, y correspond. C'est l'étude que nous entreprendrons,

---

(1) Dans le texte d'Ulpien que nous venons de citer (*Reg.*, XX, 13), le prodigue interdit *lege* figure, il est vrai, à côté du *furiosus* parmi les personnes incapables de tester : *furiosus itemque prodigus cui lege bonis interdictum est*. Mais la raison par laquelle le jurisconsulte explique ici l'incapacité de l'interdit n'a rien de commun avec celle sur laquelle il fonde l'incapacité du fou : *furiosus quoniam mentem non habet, ut testari de sua re possit ; prodigus, quoniam commercio illi interdictum est.....* Le rapprochement des deux sortes d'incapables fait ici ressortir la différence essentielle qui les sépare.

quand nous essayerons de reconstituer les deux systèmes; mais nous ne pouvons l'aborder encore.

Bornons-nous pour le moment à une simple observation. La formule du décret nous a révélé certains principes caractéristiques du droit ancien ; or, si l'on découvre quelque trace de ces principes, c'est précisément dans les passages où le prodigue est qualifié d'interdit *lege*, ce n'est jamais dans ceux où une autre expression sert à le désigner. Nous proposerons d'expliquer ainsi, en la rattachant à l'interdiction fondée sur la loi des Douze-Tables, une décision d'Ulpien qui a beaucoup embarrassé les interprètes ; et qu'il nous paraît, en effet, dans l'opinion générale, absolument impossible de justifier : celle qui permet au prodigue interdit *lege* de faire adition d'hérédité (1).

VI. L'étude des textes nous a démontré, et nous démontrera d'une manière encore plus décisive, dans la suite de ce travail, que l'assimilation de la prodigalité avec la folie ne remonte pas au très ancien droit, mais qu'elle a servi de base à une nouvelle espèce d'interdiction, créée par la jurisprudence. Cette conclusion se justifie rationnellement, logiquement, pour ainsi dire ; nous allons nous en convaincre, par des considérations empruntées aux nécessités mêmes du développement historique de l'institution qui nous occupe.

Il nous paraît d'abord évident que l'idée d'une analogie entre la prodigalité et la folie n'a pu être exprimée dans le texte des Douze-Tables. Le législateur ne procède pas par voie d'appréciation, de comparaison : il ordonne, et cela suffit. Ce sont certainement les jurisconsultes qui ont comparé le prodigue à l'aliéné, et cette comparaison leur a fourni une véritable explication de l'incapacité du prodigue. Le prodigue est incapable, répètent-ils à l'envi, parce qu'il est réputé fou. Ils donnent pour fondement à son incapacité une fiction de folie. Si telle est la pensée que les textes nous révèlent, il est impossible qu'elle ait été appliquée aux prodigues frappés d'interdiction par décret du magistrat, en vertu d'une disposition des Douze-Tables. L'incapacité de ces prodigues était fondée sur la loi. Elle résultait du décret qui avait été rendu

____

(1) 5, § 1, Dig., *De adq. vel om. hered.* (29.2).

contre eux. On ne comprendrait pas que, pour la motiver, la jurisprudence ait eu recours à une fiction de folie. Le droit romain a souvent usé de fictions, mais seulement lorsqu'elles présentaient quelque utilité. Si les Prudents ont jugé nécessaire de supposer que le prodigue était fou, c'est qu'ils ont voulu, par un moyen détourné, obtenir certains résultats pratiques, qui ne résultaient pas de l'application de la loi.

Il s'agissait de rendre incapables les prodigues qui ne se trouvaient pas dans les conditions prévues par la loi. Le préteur ne pouvait prononcer, contre eux, la formule traditionnelle du décret d'interdiction. Allait-il inventer une formule nouvelle, moins étroite, qui permettrait de les atteindre? Il ne le fit pas. Il aurait paru abuser de son pouvoir, en prononçant arbitrairement une déchéance contre des citoyens dont la loi reconnaissait la pleine capacité. On voulait bien venir au secours des prodigues que le législateur avait omis de protéger, mais sans paraître créer pour eux une incapacité nouvelle. La jurisprudence y parvint, en supposant qu'ils étaient fous. Cette supposition admise, tout décret d'interdiction devenait superflu. Il ne restait plus au magistrat qu'à mettre l'incapable en curatelle, comme s'il s'était vraiment agi d'un fou. C'est ce que le préteur avait fait pour le *demens*, ou *mente captus*, qui avait, lui aussi, besoin d'être protégé, mais qui n'était pas, à proprement parler, un *furiosus*, et ne tombait pas sous l'application de la loi. C'est ce qu'il fit pour le prodigue. La curatelle dative du prodigue a été, comme celle du *mente captus*, une extension de la curatelle du fou.

On rencontre, dans la matière des testaments, une autre fiction de folie dont l'origine n'est pas douteuse. Lorsqu'un testateur avait sans motif exclu ses enfants de sa succession, on supposait qu'au moment où il avait ainsi disposé, il ne jouissait pas de sa raison : la *querela inofficiosi testamenti* n'avait pas d'autre fondement que cette supposition de folie (1). Or, on sait de science certaine que la *querela* ne remonte pas au très ancien droit. A l'époque de Cicéron, il n'y

---

(1) 2, 5, Dig., *De inoff. test.* (5.2). Inst., II, 18 pr. : *Hoc colore, quasi non sanæ mentis fuerint, cum testamentum ordinarent.* 19, D., *eod. tit... licet quasi furiosæ judicium ultimum ejus damnetur.*

avait pas longtemps qu'elle était entrée dans la pratique, et c'est incontestablement la jurisprudence qui l'y fit admettre (1). C'est elle aussi qui, par un procédé tout semblable, organisa un nouveau système d'interdiction à l'usage de ceux que la loi n'atteignait pas. On est tout naturellement porté à penser que ces deux institutions eurent une commune origine. Toutes deux avaient un même but, qui était d'empêcher le *paterfamilias* de dépouiller sa famille, soit par la dilapidation de son patrimoine, soit par des dispositions testamentaires contraires à l'*officium pietatis*. Toutes deux ont été fondées sur une même fiction de folie. Il faut y voir deux créations de la jurisprudence.

VII. Essayons d'aller plus loin, et si cette recherche n'est pas téméraire, demandons-nous comment et sous quelle influence l'idée d'une assimilation de la prodigalité avec la folie a dû pénétrer dans le droit romain.

Il nous semble aujourd'hui tout à fait naturel et banal de comparer les prodigues à des aliénés. Dans les temps les plus anciens, ce rapprochement ne dut pas se présenter à l'esprit; ce n'est pas une idée qui porte la marque du droit primitif. A l'origine, en effet, la folie était considérée comme un fait d'ordre religieux, comme un délire inspiré par quelque divinité; le fou n'était pas un malade, mais un possédé (2). Rien assurément n'est plus éloigné de cette conception de la folie que le caractère du prodigue. Ceux qui dissipent joyeusement leur fortune ne sont pas marqués du signe fatal que les anciens lisaient sur le front du *furiosus;* l'instinct qui les porte à jouir de la vie et à dépenser sans compter n'éveille en rien la pensée d'une possession surnaturelle. La comparaison de la prodigalité et de la folie n'a pu naître des anciennes croyances populaires. C'est de la philosophie qu'elle procède, et, si nous ne nous trompons, c'est aux philosophes grecs que les jurisconsultes romains l'ont empruntée.

A première vue, cette hypothèse ne paraîtra pas invraisemblable, si l'on réfléchit que les Romains n'ont guère eu d'idées

____

(1) Cicér., *Verr.*, II, 1, c. 42. V. Kuntze, *Cursus des röm. Rechts,* p. 584, § 836, et *Münch. krit. Vierteljahresschrift*, IX, p. 539.

(2) Voigt, *Die Zwölf Tafeln*, t. II, § 165, p. 729 et s.

philosophiques qu'ils n'aient reçues de la Grèce. Mais nous ne l'appuyons pas simplement sur cette considération générale. Des témoignages particuliers la confirment.

Au troisième livre des *Tusculanes* (1), Cicéron traite des maladies de l'âme (πάθη), et se demande si elles peuvent atteindre le sage; or il constate tout d'abord que cette expression, familière aux Grecs, n'est pas romaine. On pourrait bien, dit-il, en traduisant littéralement le mot πάθη, dire *morbos animi*, mais une telle manière de s'exprimer ne serait pas conforme aux habitudes de la langue latine (2). Cela nous montre que les anciens Romains n'avaient pas songé à comparer les mouvements de la passion, les désordres de la conduite, à de véritables maladies, et que les Grecs leur ont appris à considérer les gens passionnés, particulièrement les prodigues, comme des malades, comme des fous (3).

On ne peut s'empêcher de faire la même réflexion, quand on lit la célèbre satire (4) où Horace dépeint les passions hu-

---

(1) Cicer., *Tuscul.*, III, 4.

(2) Cicer., *l. c.* : *hæc enim fere sunt ejusmodi, quæ Græci* πάθη *appellant : ego poteram morbos ; et id verbum esset e verbo; sed in consuetudinem nostram non caderet. Nam misereri, invidere, gestire, lætari, hæc omnia morbos Græci appellant, motus animi rationi non obtemperantes : nos autem hos eosdem motus concitati animi, recte, ut opinor, perturbationes dixerimus, morbos autem non satis usitate.*

(3) Cicéron s'efforce ensuite, il est vrai, de prouver que, dès la plus haute antiquité, les Romains avaient des vues philosophiques profondes sur la nature des passions. Il fonde cette démonstration sur le sens étymologique des mots *insania*, *dementia*, *amentia*, et il célèbre la pensée romaine qui avait devancé de plusieurs siècles le fondateur de la philosophie morale, Socrate... *Id quod admirari sæpe soleo, majoribus quoque nostris hoc ita visum intelligo multis sæculis ante Socratem : a quo hæc omnis, quæ est de vita et moribus, philosophia manavit. — Quonam tandem modo ? — Quia nomen insaniæ significat mentis ægrotationem et morbum, id est insanitatem et ægrotum animum, quam appellarunt insaniam.* Cette thèse est évidemment paradoxale. Elle ne nous surprend pas, chez l'illustre orateur qui mettait la loi des Douze-Tables, la loi nationale, au-dessus de tous les livres des philosophes (*De orat.*, I, 44). Mais on ne se laissera pas aisément persuader qu'il y ait, dans le seul mot *insania*, toute une psychologie, et que, pour avoir trouvé *insania*, les premiers Romains puissent rivaliser avec Socrate. Au reste, Cicéron avoue lui-même que la loi des Douze-Tables ne parlait ni de *l'insanus*, ni du *demens*, mais seulement du *furiosus. Itaque non est scriptum* si insanus, sed si furiosus escit.

(4) Horace, *Sat.*, II, 3.

maines comme autant de sortes de folies, sans négliger celle
dont sont atteints les prodigues (1). Le poète soutient que
tous les hommes sont fous, ou plutôt il fait soutenir cette thèse
par Damasippe, un stoïcien, un disciple de Stertinius, portant
la barbe philosophique, *sapientem barbam*, et Damasippe fait
honneur à son maître de l'idée qu'il développe : c'est le para-
doxe cher aux stoïciens (2).

Mais ce n'est pas seulement la philosophie grecque, c'est
aussi et surtout le droit d'Athènes qui a dû suggérer aux jurisconsultes romains la pensée de fonder l'interdiction sur une
supposition de folie. A Athènes, comme à Rome, une action
pouvait être dirigée contre le dissipateur du patrimoine transmis par les ancêtres; on appelait cette action γραφὴ κατεδη-
δοχέναι τὰ πατρῷα (3), or, s'il faut en croire Cicéron, une
supposition de folie, παράνοια, en était aussi le fondement.
C'est ce qui résulte d'un passage du traité *de senectute* (4);
nous y lisons que les fils de Sophocle ayant poursuivi leur
père sous prétexte de démence, *quasi desipientem*, celui-ci,
pour toute défense, se contenta de lire à ses juges l'OEdipe à

(1) *L. c.*, v. 224-246.
(2) *L. c.*, v. 32-37 :

O bone, ne te
Frustrere; insanis et tu, stultique prope omnes,
Si quid Stertinius veri crepat : unde ego mira
Descripsi docilis præcepta hæc, tempore quo me
Solatus jussit sapientem pascere barbam,
Atque a Fabricio non tristem ponte reverti

v. 296-297 :

Hæc mihi Stertinius sapientum octavus amico
Arma dedit...

(3) Meier et Schömann, *Der attische Prozess*, p. 299; Lipsius, I, p. 365-
366. Platner, *Der Prozess und die Klagen bei den Attikern*, II, p. 453-154.
Dans l'ouvrage plus récent de M. Schultess, *Vormundschaft nach Attischem
Recht*, 1886, il n'est pas traité de l'interdiction du prodigue.
(4) Cicer., *De senect.*, 7, 22 : *Sophocles ad summam senectutem tragœdias
fecit : quod propter studium quum rem negligere familiarem videretur, a
filiis in judicium vocatus est, ut, quemadmodum nostro more male rem gerentibus patribus bonis interdici solet, sic illum quasi desipientem a re fami-
liari removerent judices. Tum senex dicitur eam fabulam, quam in manibus
habebat et proxime scripserat, OEdipum Coloneum recitasse judicibus, quæsis-
seque, num illud carmen desipientis videretur.*

Colonne qu'il venait de composer, et leur dit : jugez si c'est là l'œuvre d'un fou : *num illud carmen desipientis…* (1). Il s'agit incontestablement d'une action qui tendait à faire reconnaître la prétendue folie du poète tragique; or Cicéron ajoute : c'est de la même manière que, dans la coutume romaine, on demande l'interdiction du chef de famille qui dilapide son patrimoine : *quemadmodum nostro more malem rem gerentibus patribus bonis interdici solet.* N'est-il pas permis d'en conclure que les fils de Sophocle réclamaient en réalité, sous prétexte de folie, l'interdiction de leur père, et que, dans le droit attique comme dans le droit romain, on avait recours à cette fiction pour frapper d'incapacité les prodigues (2)? Ce qu'on peut affirmer, en tout cas, c'est que telle était l'opinion de Cicéron, et cela ne suffit-il pas à notre thèse?

Pour expliquer la similitude que Cicéron constate entre les deux législations, M. Schulin propose d'admettre que, dès le début, l'interdiction des prodigues s'introduisit à Rome par imitation du système déjà consacré dans le droit attique (3). Nous ne pensons pas que l'interdiction du droit primitif puisse être considérée comme une importation étrangère. C'est à Rome même, dans l'ancienne constitution de la famille, dans les coutumes propres aux *gentes*, que nous en avons cherché l'origine; mais il nous paraît très admissible qu'à une époque moins ancienne l'influence grecque se soit fait sentir, et que la jurisprudence, jugeant insuffisant le système établi par la loi, ait emprunté à la législation d'Athènes une idée qui devait servir à le compléter.

(1) Cette anecdote est rapportée par d'autres auteurs, par Plutarque et par l'auteur inconnu de la biographie de Sophocle. V. Meier et Schömann, Lipsius, II, p. 568, n. 247; Hense, *Studien zu Sophocl.*, p. 289; Wolf, *Quæstiones Jophonteæ*, 1882.

(2) C'est ce qu'admet M. Schulin, *Das griech. Testament*, 1882, p. 12… *prodigi* denen wegen παρανοία die Verfüguug über ihr Vermögen entzogen werden. Voy. sur cette question, Meier et Schömann, *Der att. Proz.*, p. 296; Lipsius, II, p. 566; Platner, *Der Proz. bei Attik.*, II, p. 242 et s. Hermann, *Griech. Privatalterth.*, 3e éd. 1882, p. 80, n. 5.

(3) Schulin, *Lehrb. der Gesch. des Röm. Rechts*, 1889, p. 198 : Nach analogie der *cura furiosi* haben die XII Tafeln noch eine zweite *cura* normiert, namlich die *cura prodigi*, und zwar haben sie bei Einführung dieser *cura prodigi*, wenn nicht alles trügt, ein attisches Vorbild nachgebildet.

Cette manière de voir s'appuie sur l'ensemble des preuves que nous avons réunies, et le fragment du traité *de senectute*, que nous venons de citer, est loin d'y être contraire. C'est à l'interdiction romaine, sous sa forme la plus large, qu'il compare l'institution du droit attique... *nostro more male rem gerentibus patribus bonis interdici solet*. Ces mots ne se réfèrent pas à l'interdiction dirigée contre ceux qui dilapidaient les biens paternels, mais à celle qui, d'une façon générale, atteignait les dissipateurs, à raison du seul fait de la prodigalité. Il ne fait pas allusion à la loi des Douze-Tables, ni aux conditions spéciales qu'elle exigeait pour que l'interdiction fût prononcée, mais à la coutume (*more nostro*), et nous proposons d'entendre par là la coutume qui compléta le système de l'ancienne loi.

Ce qui donne plus de poids à ces considérations, c'est qu'à Athènes comme à Rome on avait recours à une fiction de folie, non seulement pour demander l'interdiction du prodigue, mais encore pour attaquer les dernières volontés du testateur qui avait, sans motif sérieux, dépouillé sa famille. Des passages d'Isée et d'Isocrate (1) nous montrent que les parents, injustement exclus de la succession, pouvaient faire tomber le testament, en prétextant qu'il avait été fait dans un moment de folie. M. Schulin estime qu'en cette matière, comme en matière d'interdiction, Rome prit modèle sur le droit attique (2). Elle lui fit ainsi deux emprunts. Or, l'un d'eux, celui qui aboutit à la création de la *querela inofficiosi testamenti*, a très certainement été l'œuvre de la jurisprudence, vers la fin de la République romaine. Il nous paraît impossible d'admettre que l'autre ait une origine toute différente, et soit antérieure à la loi des Douze-Tables. Tous deux ont dû sortir, à peu près à la même époque, d'un même travail de jurisprudence.

(1) Isée, 1, 21, 34; 2, 20; 4, 18, 28. Isocrate, *Ægineticus*, 32, 34, 42. V. Schulin, *Das griech. Testam.*, p. 16. Regelmässig wählte der Testator seine Testamenterben unter seinen nächsten συγγενείς. Er sah dabei namentlich auf seine persönlichen Beziehungen zu denselben und auf das Ansehen, das sie bei ihrend mitbürgern genossen. Wenn jemand diese Rücksischten ausser Acht liess, so setzte er sich der Gefahr aus, dass seine Verwandten nach seinem Tod μανιάν αὐτοῦ κατηγορούν, und dass sein Testament in Folge dessen als von einen Verrückten errichtet umgeworfen wurde.

(2) Schulin, *Lehrb. der Gesch. des Röm. Rechts*, p. 488.

VIII. Ce n'est pas que nous puissions indiquer avec précision l'époque à laquelle s'introduisit le nouveau système d'interdiction. On peut affirmer que, dans les derniers temps de la République, au plus tard, la coutume était fixée sur ce point, comme elle l'était dans la matière des testaments inofficieux : les textes de Sénèque l'Ancien et le dernier passage de Cicéron que nous avons cités en sont la preuve. Mais, quant à déterminer exactement le point de départ de cette coutume, les documents que nous possédons ne nous permettent pas de le faire. On est réduit, sur ce sujet, à des conjectures.

Très vraisemblablement, la curatelle dative n'est pas antérieure à la tutelle dative, créée par la loi *Atilia*, et ainsi cette loi, rendue probablement en l'an 443 de la fondation de Rome (1), pose une limite extrême au delà de laquelle il n'est pas possible de remonter.

Remarquons d'ailleurs qu'il serait inexact d'établir un lien entre la loi *Atilia* et la curatelle dative, et de croire que le droit de donner des curateurs ait été admis comme une conséquence résultant implicitement de la loi qui avait conféré aux magistrats le droit de donner des tuteurs. La *datio tutoris* et la *datio curatoris* ne relevaient pas de la même autorité. L'une appartenait au préteur et à la majorité des tribuns de la plèbe; l'autre au préteur seulement (2).

La nouvelle fonction que les magistrats s'attribuèrent, pour la protection des *dementes* et des prodigues, se rattache sans doute au rôle qu'ils étaient appelés à jouer, lorsqu'il s'agissait d'un *furiosus*, destiné à tomber sous la curatelle légitime. Ils intervenaient simplement, en pareil cas, pour constater l'état de folie, et donner ouverture à la curatelle que la loi elle-même déférait aux agnats ou aux gentils. Ils changèrent le caractère de cette intervention lorsqu'ils s'attribuèrent, dans certaines hypothèses, le droit d'organiser eux-mêmes la curatelle. C'est probablement à défaut de curateurs légitimes, et lorsqu'il s'agissait d'un véritable *furiosus*, qu'ils commencèrent à procéder ainsi. Puis, ils allèrent plus loin; ils se permirent de constater, en dehors des cas prévus par la loi, l'impossibilité d'adminis-

(1) Rudorff, *Vormundschaft*, I, p. 339, 342.
(2) Rudorff, *l. c.*, p. 342 et s.

trer qui pouvait tenir soit à la démence, soit à la prodigalité, et ils nommèrent des curateurs aux *dementes* et aux prodigues.

On peut conjecturer que ces deux curatelles datives s'introduisirent vers la même époque, et si nous savions à quelle date remonte celle du *demens*, nous pourrions en tirer quelque conséquence pour celle du prodigue. Mais les textes ne nous apprennent rien de plus précis sur l'une que sur l'autre (1).

Une autre curatelle dative, celle des mineurs de vingt-cinq ans, fut créée par la loi *Plætoria*, à une date qu'on ne peut préciser, mais qui est certainement antérieure à l'an 570 de Rome (2). On a parfois soutenu que la curatelle dative du fou et celle du prodigue avaient cette même origine. D'après une supposition purement gratuite de Cujas (3), c'est la loi *Plætoria* qui aurait donné au magistrat le pouvoir de mettre en curatelle les prodigues et les *dementes*. D'autres, et notamment Glück (4), ont soutenu qu'en permettant de placer en curatelle les mineurs de vingt-cinq ans, la loi exigeait qu'ils fussent prodigues ou atteints de démence : de telle sorte que la curatelle dative du prodigue aurait commencé par être exclusivement applicable aux mineurs, et aurait plus tard été étendue aux majeurs eux-mêmes. Cette hypothèse, fondée sur un passage obscur de l'historien Capitolinus (5), soulève de graves objections, et nous nous abstiendrons de la discuter ici, pour ne pas nous laisser entraîner hors de notre sujet, dans l'exa-

----

(1) Sur la date à laquelle remonte la curatelle du *demens*, v. Pernice, *Labeo*, I, p. 235.

(2) Rudorff, *Vormundschaft*, I, p. 93-94.

(3) Cujas, Édit. de Naples, VIII, p. 924.

(4) Glück, *Pandekt.*, XXX, p. 1-16.

(5) Capitolin., *Marc. Aurel.*, 10. *De curatoribus vero quum ante nonnisi ex lege Plætoria vel propter lasciviam vel propter dementiam darentur, ita statuit ut omnes adulti curatores acciperent non redditis causis.* On entend le texte en ce sens qu'avant Marc Aurèle les mineurs pouvaient recevoir des curateurs par application de la loi *Plætoria*, mais seulement pour cause de *lascivia* ou de *dementia*. D'après cette traduction, les mots *lascivia, dementia*, font allusion à un genre de conduite, à un état d'esprit, qui d'après la loi des Douze-Tables ne donnaient lieu ni à la curatelle du prodigue, ni à celle du fou, mais qui cependant constituaient une sorte de prodigalité, une sorte de folie contre lesquelles les mineurs avaient besoin d'être protégés. V. Rudorff, *Vormundschaft*, I, p. 94-101.

men des difficultés qui se rattachent à l'histoire de la curatelle des mineurs.

S'il fallait, à défaut de renseignements positifs, émettre une conjecture sur l'origine probable du système d'interdiction que nous associons à la curatelle dative du prodigue, nous n'hésiterions guère ; nous le ferions remonter à cette époque où les Romains, alarmés par les progrès d'un luxe jusqu'alors inouï, jugèrent nécessaire de le réprimer. C'est après la deuxième guerre de Macédoine que, suivant le témoignage des anciens eux-mêmes, l'enrichissement dû à la conquête et à l'influence étrangère, celle de la Grèce surtout, introduisirent dans Rome des mœurs nouvelles. On sait avec quelle énergie résistèrent les défenseurs des anciennes vertus romaines, Caton à leur tête. Dans la seconde moitié du vi[e] siècle et dans la première moitié du viie, il y eut tout un ensemble de lois dirigées contre les dépenses de luxe, contre le faste de la table ou du vêtement, contre la débauche et le jeu, contre les libéralités excessives, contre l'enrichissement des femmes. On vit alors, à certains moments, les censeurs user avec une sévérité exemplaire du pouvoir que leur magistrature leur conférait, contre de riches citoyens, contre de nobles personnages, dont la conduite était un scandale (1). Il nous paraît très plausible de rattacher au mouvement d'où sortirent les lois somptuaires, le système d'interdiction qu'imagina la jurisprudence pour donner au patrimoine compromis par la prodigalité du chef de famille une protection plus étendue et plus efficace (2). Si on admet, comme nous l'avons fait, que l'idée fondamentale de l'interdiction nouvelle fut empruntée au droit attique, on ne s'étonnera pas d'un tel emprunt, à une époque où la Grèce exerçait sur Rome une influence toujours croissante, et où déjà l'on aurait pu dire avec vérité :

Græcia capta ferum victorem cepit...

---

(1) Voy. Duruy, *Histoire des Romains*, II, p. 3, 13, et *passim*. Baudrillart, *Histoire du luxe*, II. Friedländer, *Sittengesch. Roms*, III p. 3 et s.

(2) Rudorff, *Vormundsch.*, I, p. 131-132.

Si la thèse que nous avons pris à tâche d'établir est exacte, toute la théorie de l'interdiction romaine est à refaire. La distinction des deux systèmes d'interdiction étant admise, il faut rechercher par quels principes l'un et l'autre étaient régis, et, reprenant toutes les questions du sujet, les étudier successivement dans le système ancien, fondé sur la loi des Douze-Tables, puis dans le système nouveau, plus récemment institué par la coutume. Il faut se demander enfin comment en cette matière le droit romain a fait retour à l'unité, et à quel système ont été empruntés les divers éléments dont Justinien composa la théorie, désormais unique, de l'interdiction et de la curatelle des prodigues (1).

(1) Nous nous bornons à publier ici la partie de notre travail où est exposée l'idée générale du système que nous proposons d'admettre. La dissertation entière, trop étendue pour trouver place dans cette *Revue*, doit faire, avec d'autres dissertations inédites, la matière d'un volume, qui sera prochainement publié.